Autorização e angústia de influência em Winnicott

Autorização e angústia de influência em Winnicott

Wilson Franco

c coleção
c clínica
p psicanalítica

Artesã

Autorização e angústia de influência em Winnicott

COORDENAÇÃO EDITORIAL
Karol Oliveira

DIREÇÃO DE ARTE
Tiago Rabello

CAPA
Gustavo Prates

DIAGRAMAÇÃO
Conrado Esteves

F814 Franco, Wilson.

Autorização e angústia de influência em Winnicott / Wilson Franco . – Belo Horizonte : Artesã, 2019.

132 p. ; 21 cm.

ISBN: 978-85-7074-026-7

1. Psicanálise. 2. Psicologia - História. 3. Winnicott, D. W. (Donald Woods), 1896-1971. I. Título.

CDU 159.964

Catalogação: Aline M. Sima CRB-6/2645

IMPRESSO NO BRASIL
Printed in Brazil

(31)2511-2040 (31)99403-2227
www.artesaeditora.com.br
Rua Rio Pomba 455, Carlos Prates - Cep: 30720-290 | Belo Horizonte - MG
/artesaeditora

Prefácio

As tradições e seus assemelhados

Começando com tradição, passamos por transmissão e chegamos facilmente à transferência. Não há, para o humano, existência possível fora das coletividades, das instituições e de suas histórias. Vale dizer, não há como existir sem participar, como paciente e como agente, de uma rede e de uma cadeia de transmissão, sendo objeto e sujeito a e de transferências de afetos e ideias. Aqui se situam processos de identificação e de autorização.

Isso que aprendemos com a psicanálise aplica-se, naturalmente e sem sombra de dúvida, a cada um de nós, a nossos colegas e a nossos mestres, ainda que não pertençamos a instituições no sentido organizacional do termo. Mas pertencemos à instituição psicanálise e existimos na história do movimento psicanalítico e suas tradições (e eventuais extravios).

O que não se passa sem gerar problemas e criar dificuldades: há as transferências positivas exageradas e estupidificantes, de um lado, e de outro, transferências negativas e grandes ansiedades – entre as quais, por exemplo, as angústias de influência e de publicação, as que o presente livro aludirá em seu devido tempo. Estas também podem criar inibições e imobilismo. Pois, no processo de transmissão, para ser fiel ao legado, há de inovar, mas há de reconhecer e obter reconhecimento. A mera repetição não basta, mas tampouco é possível a ausência de alguma repetição, ainda que seja uma repetição diferencial.

São problemas universais que atacam todo psicanalista, cada um à sua maneira. Alguns, contudo, mostram-se particularmente vulneráveis a sofrer com eles e, também, são os mais propensos a transmitir a seus apreciadores as sequelas deste sofrimento, às vezes de forma invertida: por exemplo, um sujeito extremamente cioso de sua originalidade e desejoso de reconhecimento – bastante propenso, portanto, a fazer de tudo e mais um pouco para deixá-la marcada em suas teses e em seu estilo, pode – e isso é um paradoxo apenas aparente – criar uma legião de seguidores absolutamente não originais, imitadores sem graça, "vaquinhas de presépio". Curiosamente, nesta mera repetição estéril e acrítica rompe-se algo na cadeia da transmissão: transmitem-se "cacoetes", fórmulas vazias, palavras de ordem, emblemas, não se transmitem nem pensamento nem paixão. Ou seja, para a manada de discípulos, nem uma verdadeira identificação, nem, obviamente, autorização.

Lacan, por exemplo. Winnicott, por exemplo.

A presente pesquisa tomou Winnicott como principal objeto de consideração, embora o tema tenha um alcance bem mais amplo. O autor sabia disso e estava preparado para enveredar por uma extensa bibliografia, incluindo questões filosóficas, sociológicas, históricas e... psicanalíticas. A amplidão que o trabalho foi tomando não afugentou Wilson Franco, longe disso. Estudar e ler é com ele mesmo. Quanto mais longe ia, mais animado ia ficando (o difícil era, por vezes, segurá-lo, cercá-lo, trazê-lo de volta).

Trata-se, é claro, de uma reflexão muitíssimo pessoal, uma espécie de testemunho reflexivo – e bem fundamentado em pesquisa – a partir das questões emergentes na própria formação de Wilson Franco, que caminha no rumo de uma meta ambiciosa e indispensável: a própria identificação-autorização como psicanalista e pensador, apto, portanto, a ocupar um lugar na cadeia da transmissão. Creio que é a meta de todos nós (e sempre), mas está especialmente ativa em certos momentos de nossa história. Wilson Franco decidiu tratar deste tema e desta questão de uma forma original: estudando de que modo ela se colocou e como foi enfrentada por um dos mestres psicanalíticos que mais foram, sabidamente, sensíveis a ela: Donald W. Winnicott.

Este livro foi originalmente uma dissertação de mestrado, mas não se assustem. O estilo do autor é leve e bem-humorado, mas, principalmente, o trabalho foi bem mais que uma pesquisa acadêmica na USP – e neste campo, muito bem-sucedida: trata-se de um empreendimento fortemente enraizado nas preocupações de Wilson Franco diante do que foi se descortinando neste complexo e imenso campo da formação em psicanálise, o que ele começou a vislumbrar desde os tempos de aluno de graduação no IPUSP. Época em que, por sorte, tive a ocasião de conhecê-lo, com suas inquietações, sua curiosidade ilimitada e imensa disponibilidade para o trabalho.

Além do gosto compartilhado por uma boa cachaça, o que muito aprecio na vida intelectual.

Luís Cláudio Figueiredo

São Paulo, janeiro de 2014.

Introdução

Um problema histórico

Em 1910, Ferenczi subia ao palanque no Congresso Psicanalítico de Nuremberg para apresentar um trabalho intitulado *A história do movimento psicanalítico*; apesar do título, o propósito da exposição era bastante pragmático e diretivo: tinha por intuito propor a criação de uma Associação Psicanalítica Internacional, instituição que regularia a formação, a produção teórica e a prática dos psicanalistas mundo afora.

A premissa era a necessidade de regular a disseminação da psicanálise, orientar sua propagação e estabelecer normas para que alguém pudesse intitular-se psicanalista e falar em nome desta. À medida que se consolidava, a psicanálise precisava firmar-se para além do alcance físico de seu criador, Freud, ganhando firmeza no tempo e no espaço – instituir-se é pôr-se, manter-se em pé, e era disso que se tratava.

Ferenczi sabia dos riscos: não importa quão longe vão e quão alto alcem voo, os homens sempre reencontram "[...] em algum superior, herói ou chefe de partido respeitado um novo pai" (Ferenczi, 1991 [1910], p. 149); e nessa aproximação do líder com o pai Ferenczi não apontava para nenhuma vantagem, mas sim, para uma certa constrição do pensamento e a uma submissão inquestionada.

Ferenczi temia, já em 1910, que a criação de uma associação estabelecendo normas, parâmetros e uma organização estável à prática e disseminação psicanalíticas tolhesse a liberdade de pensamento de seus membros psicanalistas – na época nem divisava o risco (ao menos não no texto) de a associação efetivamente tolher seus membros, mas considerava o risco de os membros inconscientemente deixarem-se tolher pela mera existência da instituição, pela tendência que verificava entre instituições em repetir os rígidos padrões familiares.

Por outro lado, no texto da própria fala, Ferenczi se tranquilizava, e tranquilizava à sua audiência em Nuremberg, por saber que os psicanalistas saberiam lidar bem com esse risco. Dizia ele:

> Os membros que receberam uma formação psicanalítica seriam os mais capacitados para fundar uma associação que reunisse as vantagens da organização familiar e o máximo de liberdade individual. Essa associação deve ser uma família onde o pai não detenha uma autoridade dogmática, mas somente aquela que suas capacidades e seus atos lhe conferem; onde suas declarações não sejam cegamente respeitadas, à semelhança dos decretos divinos, mas submetidas, como todo o resto, a uma crítica minuciosa; onde ele próprio receba a crítica sem ridículas suscetibilidades e vaidade, qual um *pater familias*, um presidente de associação dos nossos dias (Ferenczi, 1991 [1910], p. 150).

Ao fim do Congresso de Nuremberg, a Associação Psicanalítica Internacional foi constituída, tendo como primeiro presidente Carl Jung.

Será que podemos considerar que a aceitação da proposta implica a aceitação dos pressupostos? Será que a criação da IPA (International Psychoanalytical Association, nome oficial que coube à Associação) reflete a correção do julgamento de Ferenczi? Parece-me que não – e parece-me que a história da psicanálise não deixa muitas dúvidas a esse respeito. Se em alguma medida os psicanalistas "souberam lidar" com os males da associação grupal pelo simples fato de a psicanálise ter sobrevivido no tempo, por outro lado me parece que os tais males operam, sim, entre os psicanalistas, sejam ou não os "mais capacitados" a lidar com eles. Parece seguro e pouco polêmico afirmar que há, sim, recorrência à autoridade dogmática dos "pais", assim como há rivalidades fraternais e "golpes" de família. Divórcios entre grupos distintos se fundamentam e se sustentam no tempo, ancorados em suscetibilidades afetivas e pessoalismos, e o suposto debate aberto e o amadurecimento saudável dos pressupostos da psicanálise parece fora de questão entre a maior parte dos grupos em operação hoje.

Não faço esses apontamentos pelo simples gosto da denúncia, nem para propor supostas alternativas mais salutares; mas parece um trabalho para aqueles que se afinam à psicanálise haver-se com o legado que lhes cabe – o método, a história e os riscos.

Este livro se propõe a ser uma mirada sobre as formas por meio das quais um psicanalista angaria um lugar para si em meio aos pares. A história da psicanálise parece ter consolidado um expediente que, até onde posso compreender, é bastante empobrecedor e redutor, que consiste na formação por filiação inquestionada, ou seja: se a pessoa quer ser psicanalista ela procura um grupo, se aferra a esse grupo e faz o que for necessário para ser reconhecida como legítima representante dele. Nesse processo a pessoa em formação literalmente se formata aos processos de pensamento clínico e posicionamento retórico que circulam pelo grupo/escola – que não necessariamente refletem um estilo clínico ou uma forma de trabalhar. Considero, particularmente, que esse tipo de expediente se caracteriza pela *constrição de pensamento*, ou seja: a instituição reconhece a pessoa conforme ela passe a reproduzir e representar o discurso institucional, e isso significa que a pessoa precisa aprender a ver a clínica e a teoria daquele jeito e evitar ver de jeitos diferentes, porque isso seria um problema para ela (porque não seria reconhecida).

Escolhi como expediente de trabalho para este livro analisar a "autorização" (explico o que compreendo por autorização mais à frente) de um psicanalista que angariou para si reconhecimento e se estabeleceu como um dos grandes psicanalistas da história: Donald Winnicott. Observei essa questão, no entanto, do ponto de vista da psicanálise enquanto campo constituído, ou seja: não a forma como as pessoas lidam pessoalmente, mas, sim, a forma como o *establishment* se configura no tempo incluindo figuras que até então estavam do lado de fora. Em 1930, Winnicott não era um nome impactante no meio psicanalítico; em 1970 o nome Winnicott tinha um impacto, e citá-lo em uma apresentação no meio psicanalítico significava, por si só, um bocado de coisas. Mais do que um nome, no entanto, o *establishment* psicanalítico incorporou ao longo desse período formas de pensamento, conceitos, argumentos que não teriam validade anteriormente. A ideia, portanto, é tentar ver o que se passou nesse processo: como Winnicott (como psicanalista e como operador discursivo) construiu um lugar para si.

Proponho neste livro um estudo sobre a autenticidade e o legado em psicanálise a partir de um campo específico: o caso histórico da "autorização de Winnicott". Com essa expressão não me refiro à forma como a pessoa Winnicott angariou uma pose ou uma forma de se colocar; refiro-me à forma como a instituição conformou-se de modo a incluir um nome de autor até então insignificante no meio, e como associou a esse nome um impacto, uma legitimidade e um conjunto de conceitos e saberes. Há certamente um paradoxo na configuração do problema, já que o abordo tendo como referencial a psicanálise pós-Winnicott – curiosamente, o próprio fato de um paradoxo como esse não configurar empecilho já é índice do impacto de Winnicott. Para além disso, no entanto, esse paradoxo não tira o valor da pesquisa porque é solidário ao intuito maior do texto: mobilizar os pontos de tensão, as questões do contemporâneo, as fissuras na história, e isso tudo para melhor enunciar esses mesmos pontos. O "processo puro" que seria a construção do lugar discursivo de Winnicott nos é inacessível, mas o percurso especulativo que problematiza a instalação desse lugar é de grande valia para o contemporâneo.

Não me parece que as associações psicanalíticas (hoje certamente no plural, e já não mais totalizadas sob a IPA) se definem, como queria Ferenczi, pelos "benefícios da organização familiar" associados ao "máximo de liberdade individual"; para tentar compreender a configuração do campo psicanalítico e a constrição que ele necessariamente impõe ao pensamento do praticante, precisamos levar em consideração a forma como a pessoa se autoriza, as fidelidades que ela anuncia, as influências sob as quais ela se conforma e aquelas que ela pleiteia angariar para si; de forma geral, a problemática da autorização em psicanálise nos situa entre o dogmatismo, o rigor e a liberdade como balizas que norteiam a *situação* de uma forma de pensar. A partir do "caso Winnicott" convido o leitor a pôr em perspectiva a questão da formação e da autorização do psicanalista na contemporaneidade.

Tradição no tema

Este subtítulo cumpre papel semelhante àqueles de indicações bibliográficas que, por vezes, aparecem ao final de livros teóricos, e poderia ser apresentado, como esses, no fim deste livro. Optei por mantê-lo aqui por uma questão de honestidade intelectual, e para ambientar o leitor no contexto da discussão – já que transitaremos por campos complexos, e o risco de nos perder está sempre presente. Aqui segue uma breve prestação de contas quanto ao panorama que diviso no campo, por um lado, e das escolhas que fiz e limites que impus ao texto, por outro.

O campo geral em que se insere esta pesquisa é a psicanálise. Trata-se de um trabalho sobre a história da psicanálise, na medida em que estuda o contexto de instauração da obra de um autor; é também um trabalho sobre o campo winnicottiano, visto que toma a constituição desse campo em causa; e, uma vez que se preocupa com as destinações contemporâneas da obra desse autor, é também uma pesquisa sobre a instituição psicanalítica.[1]

Construo este trabalho na interface entre dois campos relativamente independentes de estudos na psicanálise:

1 Não tenho condições de me demorar em considerações sobre as questões próprias à pesquisa em psicanálise e meu posicionamento perante esse ponto. Estou de acordo com os argumentos formulados a esse respeito por Inês Loureiro (2002) em texto dedicado ao tema, ao qual remeto o leitor interessado no assunto.

por um lado, tenho em vista a obra winnicottiana, como conjunto de textos escrito por Winnicott e como conjunto (maior) de textos psicanalíticos que encontram em Winnicott fundamento e legitimidade; por outro, tenho em vista a problemática da autoria e da influência no delineamento da escritura de um autor singular, campo que pertence, ao menos em origem, à crítica literária. O cruzamento desses dois campos incide sobre um "terceiro" campo, que é o da sobreposição dos dois já citados, largamente influenciado por campos como a historiografia psicanalítica erudita, a pesquisa *sobre* psicanálise, sobre o dispositivo psicanalítico, a instituição psicanalítica.

Posiciono a seguir este trabalho em meio àqueles que pude ler, bagagem certamente insatisfatória em face da vastidão da bibliografia acumulada em torno dos temas, mas que pode dar uma ideia ao leitor quanto à pertinência (no sentido forte) deste texto.

Do ponto de vista da vasta bibliografia a respeito da vida e da obra de Winnicott, creio ser importante ressaltar que tomo como problemas a influência e o processo de autorização, problemas adjacentes a alguns outros, mas distintos deles. Há estudos, por exemplo, sobre a forma como Freud e Melanie Klein influenciam a teorização de Winnicott. Roberto Graña (2007), Tales Ab'Sáber (1997), Luís Cláudio Figueiredo (2002) e José Outeiral (Outeiral & Celeri, 2002) são alguns dos que atuam nesse sentido. Seus trabalhos são representativos de um esforço coletivo para pôr a obra de Winnicott em diálogo com os demais autores em psicanálise, tarefa imprescindível já que o próprio Winnicott tinha clara dificuldade em fazê-lo. O trabalho desses autores é particularmente difícil e meritório, já que eles têm de enxergar conexões "abaixo" do texto, como se fizessem um diagnóstico da infraestrutura textual – a infraestrutura psicanalítica em que Winnicott se fundava ao desenvolver sua teoria. Não me deterei aqui nas condições de infraestrutura do pensamento de Winnicott, mas meu trabalho depende do trabalho desses autores na medida em que estudo a forma como a ansiedade de influência aparece na obra de Winnicott, o que fica bastante facilitado pelo esclarecimento que eles favorecem quanto à relação das ideias de Winnicott com seus "influentes".[2]

Outros autores buscam pôr Winnicott em interlocução com a ambientação intelectual de nosso tempo, como no livro *Winnicott e seus interlocutores*, organizado por Benilton Bezerra Junior e Francisco Ortega (2007), ou mesmo no trabalho de Roberto Graña (2007) já citado aqui – a primeira parte de seu texto associa Winnicott a outros autores da psicanálise, ao passo que a segunda o associa a filósofos modernos e contemporâneos. São abordagens interessantes e estimulantes, mas que fogem ao objetivo da leitura que aqui proponho para o trabalho de Winnicott.

Há outra série crescente de estudos que buscam "aprofundar" os textos de Winnicott, criando associações, comunicações, relações; esses autores se baseiam na preocupação com o estilo coloquial e alusivo de Winnicott e, ao mesmo tempo em que elogiam seus méritos, tentam "reduzir os danos" dessas escolhas com uma espécie de aprofundamento ou ancoragem do texto. Bons exemplos desse tipo de trabalho são os "dicionários" do pensamento de Winnicott

2 Chamou-me a atenção, ao longo das pesquisas de bibliografia e estado da arte, a ausência de trabalhos especificamente voltados à influência de James Strachey sobre Winnicott; falta-me recurso e erudição para tratar do tema, que apesar disso me parece (intuitivamente, já que não disponho de evidências) tocar uma questão digna de nota.

elaborados por Jan Abram (1996) e Alexander Newman (1995). Em linha semelhante, mas paralela, há os escritos de cunho mais biografista em que os trabalhos de Winnicott são distribuídos em séries e associados ao contexto de sua criação e aos momentos de vida do "homem que escreveu os textos". Nesse sentido, o livro que estabelece mais claramente um argumento é o de Adam Phillips ([1988] 2007); as biografias propostas por Brett Kahr (1996) e por Robert Rodman (2003), principalmente a escrita por esse último, são mais influenciadas pela tradição literária biográfica clássica – são biografias do homem Winnicott. Um pouco "fora da curva", mas ainda nessa tradição, está o livro das tradutoras de Winnicott para o francês, Anne Clancier e Jeannine Kalmanovitch ([1984] 1987), e alguns dos textos de Jean-Bertrand Pontalis ([1977] 2005) que compõem seu antológico *Entre o sonho e a dor*. Há um mérito claro nesses livros, que é o adensamento e a sistematização de um pensamento exposto de forma bastante peculiar em vista da tradição moderna ocidental, mas alguns desses trabalhos acabam "sabotando" de alguma forma o mecanismo proposto por Winnicott por meio da escolha de seu estilo, que é a imposição do desafio de habitar o texto até compreendê-lo, com o que a compreensão se efetiva de forma singular e pessoal. Suponho que esses trabalhos, por mais cuidadosos que sejam, correm o risco de convidar a certa ortodoxia winnicottiana – que é nada mais nada menos que a dispensação, por parte do leitor, do exercício do pensamento, "comprando fiado" esse pensamento de um autor que já teria feito isso pelo leitor. Talvez fosse um risco inevitável, no entanto, e os trabalhos nessa linha que pude ler são conduzidos de forma cuidadosa e comprometida. No Brasil, o trabalho mais significativo que li a esse respeito foi a dissertação de mestrado de Téo Weingrill Araújo (2005), "Tradição e Originalidade na Obra de Donald Winnicott". Araújo aborda o primeiro livro publicado por Winnicott, ainda ancorado plenamente na pediatria e nos primeiros momentos da análise pessoal com Strachey, encontrando já aí os elementos básicos do que viria a ser a plena contribuição winnicottiana décadas mais tarde. Apesar das diferenças de escolha metodológica e referencial, tenho o trabalho de Araújo em alta conta por sua precisão e por seu refinamento crítico.

Devo muito aos livros de Dodi Goldman (1993a, 1993b) a respeito do pensamento de Winnicott; parecem-me livros profundamente inspirados pelo estilo de Winnicott, fiéis a esse estilo e, no entanto, livres em relação a ele[3] – talvez um dos poucos casos de algo que possa ser considerado um bom winnicottismo, se é que isso é possível. Um dos aspectos que mais me impactaram no trabalho de Goldman foi a apresentação de um Donald Winnicott complexo, ambíguo, com nuances e detalhes ausentes nas caricaturas e nos relatos mais consagrados, em que o psicanalista inglês é descrito quase como um bom vovô com traços clownescos; fiquei feliz ao encontrar, por meio do relato de Dodi Goldman e amparado por outros aspectos levantados por Robert Rodman (em sua biografia de Winnicott já mencionada[4]), a sombra de um homem, um homem genial, um homem

3 Um pouco diferentes nesse aspecto, no entanto: *In one's bones* é nitidamente mais "livre" que *In search of the real,* talvez pelo próprio propósito dos livros.

4 Rodman expõe de forma clara elementos sobre a fantasia de homem por trás do autor Winnicott que não encontrei em outros autores com tendência hagiográfica: sua posição fragilizada e insegura diante das mulheres Alice Taylor e Clare Britton, a influência decisiva desta última sobre sua possibilidade de autorizar-se e algumas lembranças de infância de Winnicott que claramente lançam luz sobre sua forma de afirmar-se.

difícil e peculiar, mas um homem – não um ídolo, não um totem, não um mestre.

Preciso fazer notar ainda, mesmo que brevemente, a ambientação de meu trabalho no contexto da história e da teoria da psicanálise.

Incorporei ao texto as proposições de Daniel Kupermann a partir de seu livro *Transferências cruzadas: uma história da psicanálise e suas instituições* (Kupermann, 1996). O argumento de Kupermann é uma das fontes de inspiração deste trabalho; talvez seja possível dizer que aqui se trata de uma tentativa de "anexar" à exposição do autor as problematizações cabíveis a partir da presença de Winnicott na instituição psicanalítica, *como membro* "excêntrico e imaginativo" na melhor tradição da primeira geração de analistas e *como autor* inovador no contexto da teoria psicanalítica. O livro de Phyllis Grosskurth, *O círculo secreto* (Grosskurth, 1992), funciona para mim como "bibliografia de base" para a fundação (como "obra") e aprofundamento (como ciência) do argumento de Kupermann – ao longo de todo este texto tive-o em mente, mesmo que não o explicite em citações e referências.

Secrets of the soul, de Eli Zaretsky (2005), serviu também de ambientação para meu trabalho, ainda que o calibre e o escopo de suas preocupações tornem sua obra muito mais um pano de fundo do que propriamente um interlocutor de meu texto. Os capítulos de seu livro em que ele se aproxima da problemática da Sociedade Britânica e do contexto de trabalho de Winnicott, no entanto, em muito me auxiliaram a localizar-me em meio aos textos e às problemáticas tantas vezes labirínticas. Outro livro importante como referência para este trabalho, mas que cumpre um papel de pano de fundo e não comparece na discussão em função de seu escopo colossal é *The discovery of the unconscious*, de Henri Ellenberger (Ellenberger, 1970), um clássico no campo da história da psiquiatria e da psicanálise.

São esses alguns dos problemas que "dividem muros" com o que abordo aqui, mas sobre os quais não pretendo me deter. Para o leitor interessado, indico os autores que citei.

Talvez deva adicionar ainda, tendo como tarefa para introduzir o leitor ao trabalho, uma ou outra nota breve sobre a minha transferência com a pesquisa como tema, filiação e estudo de autor. O mais honesto e breve seria dizer que não escolhi Winnicott, nem escolhi o tema deste trabalho: fui escolhido por eles. Nunca havia me disposto a destruir Winnicott, nem a idealizá-lo – ao longo desta pesquisa, curiosamente e a despeito de mim mesmo, encontrei oportunidade para "me pegar" fazendo as duas coisas, separadamente ou ao mesmo tempo; nas páginas que seguem, apresento o Winnicott em mim que sobreviveu a isso tudo, associado a um pouco de bom senso e uma ou outra teorização oportuna.

Por que Winnicott?

A expressão "angústia de influência" foi tratada como conceito, pela primeira vez, pelo crítico literário Harold Bloom. Ele afirma que os autores situam seus trabalhos em interlocução com os autores já estabelecidos no campo e que essa relação acaba se configurando inevitavelmente como uma relação de autoridade: o autor *já estabelecido* agindo *sobre* o autor em processo (Bloom, [1973] 2002).

A perspectiva apresentada por Bloom influenciou outros campos, dentre eles a psicanálise. Ronald Britton, dois anos após a publicação do primeiro livro de Bloom a esse respeito, afirmou que todo autor psicanalítico tem de lidar com esse tipo de angústia (que ele acabou por nomear, em vista de seus interesses específicos, como ansiedade de publicação); para Britton, a questão está na forma como o processo se desencadeia em cada autor e nas implicações dessa ansiedade para a clareza da argumentação no texto. Analisando as republicações de um texto escrito por ele próprio, Britton percebe que, nas primeiras publicações, esteve muito ocupado com as angústias relativas à sua própria constelação de influências, de modo que essas angústias tornaram seu texto confuso ou mesmo impreciso (Britton, 2003).

Além de si mesmo, Britton estudou a forma como as ansiedades ligadas à publicação e à autorização influenciaram o trabalho de Charles Darwin e de Donald Winnicott, nosso principal interesse aqui. Britton, na verdade, não foi o único a abordar as ansiedades de influência em Winnicott: depois dele, a mesma questão foi retomada por Adam Phillips, Thomas Ogden e Luís Cláudio Figueiredo (Phillips, [1988] 2007; Ogden, [2001] 2002; Figueiredo, 2002). Em seu trabalho, Britton havia abordado a forma como Winnicott procurava diálogo e aceitação de seus argumentos junto a Melanie Klein e Anna Freud como indicativo de que ele sofria com as ansiedades ligadas à autorização, autorização que procurava junto a figuras de autoridade para ele, nas cartas que escrevia. Ogden e Phillips foram mais longe, apontando passagens da obra de Winnicott em que ele se mostra confuso e impreciso. Para esses autores, Winnicott, que no geral era um escritor claro e consistente, escrevia de forma oblíqua e imprecisa justamente nos momentos em que trazia inovações (ou rupturas) significativas em face da tradição psicanalítica; esse fenômeno – de escrever de modo confuso nas passagens mais inovadoras – seria a expressão mais clara da tal angústia de influência: onde o autor romperia com a submissão e a continuidade ele "trava", se confunde, se embanana.

Uma leitura atenta permite verificar vários momentos em que o próprio Winnicott fala sobre sua dificuldade em afirmar-se perante a autoridade estabelecida; em uma clássica passagem, ele diz que não consegue estabelecer seu argumento a partir das teorias de outras pessoas (estabelecidas na tradição), porque sua mente não funciona dessa maneira (Winnicott, [1945] 2000a, p. 218). Em geral, essa afirmação é vista como uma escolha, e estou sugerindo que ela talvez não o seja: talvez a mente dele "não funcione" assim como a mente de alguém "não funciona" quando está em um contexto que inviabiliza o pensamento – o motorista entra em greve e a máquina não anda, "não funciona" dessa maneira.

Concordo com Britton quando ele afirma que todo autor sofre, em alguma medida, de angústia de influência; não creio que se trate de um traço caracteriológico ou de um diagnóstico patológico a recair sobre autores "fracos" ou doentes – pelo contrário, estudamos autores que sofreram de angústia de influência porque, a despeito da angústia que possam ter tido, eles se tornaram autores lidos, estudados e comentados.

Creio que a angústia de influência determina o processo de autorização por meio do qual a pessoa consegue (ou não) se afirmar como autor – a angústia determina se a pessoa consegue ou não, além de também determinar o modo como isso se dá. Acho que há um processo de autorização subjacente – e particular – a cada autor, ou seja: para a pessoa que quer se tornar autor há um processo necessário para que ela "fabrique" essa condição, esse lugar de enunciação.

Britton escreveu sobre a forma como a influência se manifestou em seus próprios escritos; Freud disse que evitava ler Schopenhauer e Nietzsche pela influência que poderiam ter em seus pensamentos; Bloom cita outros tantos autores que recusam ou se prostram diante dos autores que os influenciam. Winnicott tinha suas próprias angústias, suas próprias influências, e se autorizou de forma notável, tanto pelas resistências que enfrentou quanto pelas marcas que o processo de autorização imprimiu em seu pensamento.

Creio que o "caso" de Winnicott seja digno de estudo no campo da influência e da autorização em psicanálise por uma série de razões, dentre as quais destaco quatro:

1. porque ele escreveu no meio psicanalítico, em que o contexto de autorização é complexo e cheio de nuances;
2. porque ele escreveu em um período difícil do ponto de vista da autoria, quando se disputavam os escolhos do "pai totêmico" Freud, falecido havia pouco tempo;
3. porque ele abordou a questão do legado e da dívida simbólica de forma inovadora na psicanálise;
4. porque seu trabalho suscitou um amplo debate sobre seu pertencimento ou não à psicanálise e sobre a natureza de sua posição relativamente a Freud e Klein – sua iconoclastia, sua idolatria.

O primeiro item é pessoalmente significativo para mim. Se as angústias de influência e autorização são um fenômeno presente em cada candidato a autor, no meio psicanalítico esse percurso parece particularmente difícil, na medida em que impõe ao iniciante relações de autoridade e prioridade em diversos níveis: com o analista pessoal, com o supervisor, com os autores de maior ascendência sobre o pensamento do novato, com Freud. Ademais, se em qualquer publicação existe a necessidade de lidar com a pressão dos pares (*peer pressure*), no caso da psicanálise essa pressão parece aumentada pela tensão entre a publicação e o conteúdo altamente particular e íntimo do material com que a psicanálise lida; mesmo para os mais ciosos e tranquilos, a publicação em psicanálise parece ser indelevelmente matéria delicada; soma-se a isso o jogo de poder e vaidade que tantas vezes se estabelece na comunidade psicanalítica, regional e temporalmente. Por tudo isso, creio ser necessário considerar os efeitos da instituição psicanalítica sobre a autorização; espero aqui poder contribuir para essa discussão, que mobilizo pelo viés histórico do "caso" Winnicott, mas que pretendo válida para a questão em seu caráter contemporâneo.

Relativamente ao segundo item, tenho em vista o contexto da Sociedade Britânica de Psicanálise e a conjuntura geral em que Winnicott trabalhava. Ele entrou para a instituição psicanalítica no momento em que se desdobravam as "controvérsias" entre Melanie Klein e Anna Freud (e seguidores de ambas as partes) no que acabou se configurando como uma verdadeira Guerra Fria dentro da Sociedade (Hélio Pellegrino bem observou que as microinstituições refletem em escala lilliputtiana "[...] as vicissitudes estruturais e as mazelas das macroinstituições"; Kupermann, 2008, p. 44). Essa configuração de forças desagradava a Winnicott sobremaneira, e a prova disso são as inúmeras cartas e trabalhos em que ele tenta mostrar a necessidade de as filiações dogmáticas serem deixadas de lado em prol de um ambiente de amplo debate e necessária frustração, ao cabo do qual – cria ele – haveria de se evidenciar a maior precisão de alguns aspectos em detrimento de outros, com a vitória da ciência e da sociedade sobre as igrejas e os clubinhos (Winnicott, [1987] 2005). Winnicott parece ter conseguido pôr em perspectiva a filiação à tradição no pensamento psicanalítico, mantendo-a em alta conta ao mesmo tempo em que sugeriu possibilidades de pensamento criativo e inovação, ou seja: mantendo o respeito à tradição e a Freud, ele foi decisivo ao sugerir que os psicanalistas poderiam "seguir em frente" com a psicanálise e com suas vidas. Isso parece ter sido particularmente importante na Inglaterra em vista do estabelecimento da família Freud por lá, com o que inevitavelmente acabou se instalando também lá o litígio sobre a herança: Anna Freud como "detentora da insígnia" e representante da legitimidade, Melanie Klein como representante do "espírito inovador" e da fidelidade aos princípios do empreendimento psicanalítico; essa disputa certamente poderia ter arruinado a "família" psicanalítica, no mínimo dentro da Inglaterra, não fosse sua dissolução não violenta através da instituição do Middle Group e dos "panos quentes" sobre a questão.

O terceiro item só se apresentou a mim a partir dos desdobramentos das leituras e ao longo da pesquisa; talvez ele seja, por isso, um resultado da pesquisa. O ponto aqui é que na psicanálise de inspiração kleiniana (por exemplo, em Segal, [1955] 1969), na teorização do processo criativo em Harold Bloom ([1973] 2002) e mesmo em alguns textos de Freud (exemplarmente no texto sobre Da Vinci; Freud, [1910] 1973b), a criação artística se encontra vinculada ao sintoma e às tentativas de "resolução" das frustrações. No caso de Winnicott, no entanto, há uma teorização mais "livre" para o processo criativo, teorização que não se centra sobre a dívida ao pai e à castração, e que postula o processo criativo como expressão do *self* verdadeiro, a partir da criação de um ambiente acolhedor e nutriente (como abordado, por exemplo, em *Creativity and its origins*; Winnicott, [1968a] 2010).

Quanto ao último item, tenho como origem desta pesquisa justamente esta problematização: qual é o lugar de Winnicott perante a psicanálise? Há uma tradição de leitura, sediada em São Paulo, que tende a compreender Winnicott como alguém que "superou" a psicanálise (Loparic, 1996) – e a tentativa de compreender essa leitura (pressupondo que não concordava com ela, mas tentando entender por que conseguiu tanta repercussão) contribuiu em muito para que o trabalho chegasse até aqui. A forma peculiar com que Winnicott lidava com a tradição e sua postura desrespeitosa à "lei de talião" da influência (na linha "roubo o que penso e não pago a quem devo" – Winnicott, [1945] 2000a) certamente devem ser observadas mais de perto, justamente para que se desfaça a sorte de mal-entendido que leva os mais afoitos a entendê-lo como "profeta" ou como autor "fora/acima de escolas". Apesar de suas tendências iconoclastas (como ele se refere a si mesmo em carta a Anna Freud e Melanie Klein), Winnicott estava muito mais propenso a "atuar" como Jesus Cristo (sacrificando-se, incompreendido, em nome da Verdade do Pai) do que como profeta (revelador da Boa Nova de que se faz representante e porta-voz; Rodman, 2003). De minha parte, não ponho em questão se Winnicott é ou não psicanalista, e não considero a psicanálise uma ciência organizada em torno de paradigmas *à la* Kuhn.

Acima dessas e organizando as quatro justificativas que apresentei, acredito que a origem inicial da pesquisa é muito mais pontual: por que Winnicott escrevia como escrevia? Esta é provavelmente a colocação mais sucinta e honesta para a pergunta que mobiliza a presente pesquisa; esta é minha pedra de tropeço. Cheguei a essa pergunta por estranhar a afirmação muitas vezes repetida de que o texto de Winnicott parece simples, mas não é, e de que é necessária uma leitura atenta para descobrir (ou criar) os elementos que estão em jogo em cada frase. A partir daí comecei a pensar que o texto de Winnicott era um "falso texto simples", e por isso acabava sendo um texto duplamente difícil: difícil porque é complexo e difícil porque é difícil perceber que ele é difícil. Aqui tento abordar esse problema pelo viés histórico-metodológico-político, no contexto da psicanálise.

1
Apresentação de alguns conceitos

Apresentação

Proponho, como forma de começarmos a abordar a problemática, que tomemos algum tempo para olhar com mais calma alguns dos elementos principais de nossa discussão ao longo do livro. Apesar de alguns parecerem conceitos simples, o uso que faremos de cada um deles será mais próximo a algumas tradições e mais distante de outras, e por isso ganharemos muito "afinando a linguagem" e evitando simplificações ou generalizações excessivas.

Autor

Poder-se-ia dizer que autor é aquele que escreveu o texto. É uma definição pragmática e econômica: se a pessoa escreveu, ela é a autora; se não escreveu, não é. Essa definição funciona bem na maior parte das vezes. Em algumas circunstâncias, no entanto, ela deixa de dar conta do recado, e passamos a precisar de definições mais complexas e específicas.

Creio que essa definição pragmática não resista muito, seja onde for. Para os fins do presente trabalho creio que é preciso complexificar, inclusive porque estamos trabalhando com psicanálise, campo em que o nome do autor faz muito mais do que simplesmente determinar a pessoa que escreveu o texto. Uma demonstração simples é o fato de que ninguém consegue escrever "em psicanálise" sem citar no mínimo um psicanalista; outra demonstração é fornecida pelo próprio Freud ([1937] 1973c): "[...] só pode falar de psicanálise quem tiver se submetido ao processo de análise", oportunidade em que poderá perceber que o inconsciente e a primazia do sexual existem e funcionam – ou seja, não fala quem quer, fala quem é "autorizado" ao cabo de um processo. Mais do que isso, no campo da psicanálise, os autores estão sempre imersos em jogos complexos de filiações e influências, e por isso mesmo o autor de um texto, bem como os autores dos textos em que ele se baseia, cumprem papel decisivo para "entender" ou situar o escrito. Para recorrer ainda a um exemplo prático, podemos lembrar que a maioria dos psicanalistas lê majoritariamente trabalhos de uma determinada "inclinação": ou lê textos "lacanianos" ou "winnicottianos" e por aí vai – isso dá uma mostra de como a função do autor é complexa em psicanálise.

Não bastasse isso, temos que considerar ainda que estamos às voltas com a obra do autor, e não simplesmente com textos individuais, avulsos; acompanhamos os artigos dele ao longo do tempo, tentando entender, mais que os argumentos dos escritos em si, a sutil dança dos conceitos e das ideias daquele autor ao longo de sua vida, como se estivesse pairando por cima dos textos e definindo-os para além de si mesmos. Faz-se necessária, portanto, uma definição operacional que supere a compreensão prosaica associada ao termo.

O funcionamento geral do que estou apresentando se aproxima muito do que Foucault retratou como o "desdobramento" de um livro ao longo do tempo:

> Um livro é produzido, evento minúsculo, pequeno objeto manejável. A partir daí é aprisionado num jogo contínuo de repetições; seus duplos, a sua volta e bem longe dele, formigam; cada leitura atribui-lhe, por um momento, um corpo impalpável e único; fragmentos de si próprio circulam como sendo sua totalidade, passando por contê-lo quase todo e nos quais acontece-lhe, finalmente, encontrar abrigo; os comentários desdobram-no, outros discursos no qual enfim ele mesmo deve aparecer, confessar o que se recusou a dizer, libertar-se daquilo que, ruidosamente, fingia ser (Foucault [1972] 2004, p. VII).

Minha divergência aqui é que o livro não é, para mim, um "pequeno objeto manejável", mas é, já ele, resultado de certo tempo de embate entre uma pessoa e as influências que a marcam – resultado e testemunho desse tempo, dessas marcas, e do que a partir delas (e apesar delas) se produziu. Foucault enuncia bem, na citação anterior, as sombras que se multiplicam a partir do livro como objeto; eu aqui estou preocupado com as sombras que vão rarefazer o espaço possível para o surgimento de um livro, e a luta entre essas sombras e a "vontade de luz" da pessoa que quer ser autor.

Considerando o que foi exposto, portanto, sugiro a seguinte definição: *autor é o organizador sempre provisório para o conjunto de influências e determinações a partir das quais um texto encontra pertinência dentro de uma disciplina discursiva específica.*[5]

Curiosamente, a definição de obra que estou implicitamente propondo é bastante similar. Considero obra *uma organização ficcional da imaginária superfície plena construída por um autor.*

Tentei apresentar uma definição operacional do que terei em vista quando tratar do *autor* e da *obra* ao longo do trabalho. É, certamente, uma definição complicada; a vantagem que espero que ela tenha é manter explícita a tensão que existe no campo da autoria no contexto da psicanálise e dentro da obra de Winnicott, ou seja: espero abordar a autorização em Winnicott como um processo de negociação em um contexto de influências e determinações sobrepostas, em meio às quais se pôde construir um "campo de verdade" singular, ao mesmo tempo uma ode e um desafio à história (psicanalítica, que esteja claro).

Winnicott

Quando alguém se remete à obra de Winnicott, não tem em vista a soma de páginas e frases e textos, e sim certa fantasia que constrói para si como sendo o *legado* de Winnicott; esse legado é justamente o campo de verdade em que se podem instalar aqueles que o tomam como autor

5 Talvez seja importante ressaltar que, apesar de ter em alta conta as problematizações de Foucault a respeito da questão do autor, não posso creditar completamente a ele tal definição; isso porque Foucault não leva em consideração algumas dimensões interpessoais e intrassubjetivas que estou considerando pertinentes (Castro, 2009; Foucault, 2004). Como delimitações "anteriores" ao surgimento de um texto Foucault considera apenas a episteme, ao que eu incluo aqui os jogos de poder no contexto em que o autor pleiteia reconhecimento e o processo de autorização do autor.

de referência e que, a partir de sua *filiação* a ele, supõem "saber" a obra de Winnicott e, sabendo-a, dizem coisas no campo de verdade que Winnicott criou.

Quando nasci, Winnicott já tinha morrido; nunca o vi. Eu não poderia, a rigor, saber absolutamente nada sobre ele, muito menos sobre suas intenções ao escrever seus textos ou sobre a relação que estabelecia com seus pares em Londres. O que sei, sim, é que os textos atribuídos a ele foram recebidos como textos importantes ao meio psicanalítico, foram considerados "fundadores de um novo campo de estudos", foram citados e estudados; sei também que Winnicott (como nome de certa "força de gravidade" na psicanálise) tornou-se objeto de grande interesse, e houve, inclusive, muitos que se dedicaram a procurar detalhes sobre a vida do homem-Winnicott, homem ao qual se atribui a autoria dos textos. Muitas vezes se propuseram a articular a obra – o conjunto de textos atribuídos a Winnicott – ao homem que os escreveu, compreendendo que a partir de um entenderiam melhor o outro.

> Como instituição, o autor está morto: sua pessoa civil, passional, biográfica, desapareceu, desapossada [...]; mas no texto, de uma certa maneira, eu desejo o autor: tenho necessidade de sua figura (que não é nem sua representação nem sua projeção) (Barthes, [1973] 2010, p. 35).

O autor, ainda que esteja morto como "pessoa civil", persiste como influência na leitura na medida em que é "desejado" em tal ato; no caso da psicanálise – que não é exatamente o que Barthes tem em vista na citação anterior –, o desejo do leitor é reforçado pelo desejo da instituição e pelos jogos de poder que regem a leitura no contexto da disciplina. É por isso que quando falo de Winnicott não falo da pessoa que foi Winnicott, e, no entanto, tenho em mente seu rosto e a pessoa que unifica a obra. É por isso que quando me remeto a um dado biográfico acerca de Winnicott sei não estar tratando do homem-em-si que um dia foi Donald Winnicott, mas da ficção que se construiu "por trás" da obra atribuída a ele e que funciona como remissão do desejo do leitor – quando um psicanalista se autoriza "como winnicottiano" ou a partir dos textos winnicottianos, ele acha que "entendeu Winnicott", e afirmo aqui que esse Winnicott que ele entendeu não é a pessoa que viveu e morreu, e sim o que a instituição psicanalítica construiu para si como "busto de bronze".[6]

Acontece nesse tipo de circunstância, e certamente acontecerá ao longo deste livro, um jogo de linguagem elaborado ao qual vale uma menção; o autor que se dispõe a comentar um texto o faz em articulação com um pensamento sobre o autor do texto comentado, e inscreve o texto no horizonte do que seriam os interesses pessoais do tal autor influente (se eu, por exemplo, dissesse "Winnicott sempre quis que...", isso aconteceria pela simples razão de que eu não tenho como saber o que Winnicott queria ou não queria); a mim fica claro que não se trata, de forma alguma, de fazer uma "psicanálise" do autor como paciente ou do texto como sintoma: o que se passa é que a imagem do autor cumpre um papel na forma como o texto é lido, e esse "autor" que não é a pessoa que escreveu a obra, muitas vezes, é *organizado em torno* de uma biografia. É recorrente que, a partir daí,

6 A imagem remete ao busto de bronze erigido em homenagem a Freud em Londres, em 1970, para o qual Winnicott contribuiu com afinco na busca de recursos e na divulgação. Posteriormente um busto de bronze do próprio Winnicott foi erigido em outro local, mas também em Londres.

tudo se passe em curto-circuito e as pessoas efetivamente acreditem que conhecem a vida íntima da pessoa que um dia foi o autor da obra; no meu jeito de entender esse aspecto, tal confusão não se apresenta, e quando falo do autor Winnicott não tenho em mente a pessoa que ele foi e não pretendo fazer sua psicanálise, nem sua psicanálise aplicada, nem sua psicanálise selvagem – o que faço é uma incursão no campo de discurso e de estudos que se organiza em torno do texto de Winnicott.[7]

Portanto, mesmo que eu faça referência ao longo do texto à vida de Winnicott ou à relação dele com o pai, estou lidando com um *conceito*, não com um homem – conceito certamente antropomorfizado, mas conceito todavia.

Angústia de influência

Pretendo oferecer uma definição inicial – que aos poucos ganhará maiores complexidades e contornos levemente distintos dos oferecidos neste momento do livro. Ou seja: afirmo as balizas da questão aqui de forma mais ou menos "telegráfica", para desdobrá-las ao longo do trabalho (particularmente no capítulo "O papel do pai", ao qual remeto o leitor que terminar esse item insatisfeito e quiser antecipar os esclarecimentos quanto a esse conceito).

O tema da influência na autorização de um escrito me ocorreu pela primeira vez a partir da leitura de Harold

7 Sobre essa ordem de problemáticas em torno do estatuto do biografismo, remeto o leitor interessado à introdução e ao capítulo 6 ("A biografia intelectual") do livro *O desafio biográfico – escrever uma vida*, de François Dosse, que desenvolve o tema de forma delicada e refinada (Dosse, [2005] 2009).

Bloom, que formula a questão em seu livro *Angústia de influência – uma teoria da poesia*. Hoje, no entanto, creio ter chegado a uma formulação da questão que diverge em alguns pontos daquela assumida por Bloom.

Bloom estabelece, a partir de seus estudos sobre o tema, uma tipologia da influência, em que sugere seis formas de relação do autor com seu campo de influências; não pretendo recorrer a essa tipologia. Pretendo, por outro lado, levar as menções de Bloom ao Édipo, ao complexo de Édipo, à teoria da sublimação e à pulsão de morte em Freud mais a sério do que ele mesmo o faz – pela simples razão de que o horizonte desta obra tem tudo a ver com essas discussões, diferentemente do caso do próprio Bloom, que escrevia para escritores e críticos literários.

Em seu texto "Ansiedade de publicação", Ronald Britton (2003) situa Winnicott como um representante legítimo da *questão* da influência; a partir dessa autorização inicial me proporei a distribuir alguns dos elementos que acredito serem pertinentes a essa discussão. Pela "simpatia" do argumento, pela inscrição do campo e pela centralidade na discussão, posso dizer que, se meu argumento fosse uma cidade, o texto de Britton funcionaria mais ou menos como o "marco zero", o coreto da praça da matriz.

Considero a angústia de influência a partir de uma leitura inspirada pela metapsicologia psicanalítica, em que a angústia associada ao efeito limitante de uma autoridade que transcende e supera o sujeito funciona, ao menos em alguma medida, como uma reencenação da situação edípica. Esse entendimento não me autoriza, como leitor e como estudioso, a supor saber o que se passou entre Winnicott e seu pai ou sua mãe, nem a "interpretar" a obra na pior tradição da psicanálise selvagem; sustentadas essas condições éticas para a leitura, no entanto, a hipótese "metapsicológica" para a influência oferece maiores recursos para que se possa sustentar a tensão e a complexidade da problemática em causa. Como bem afirma Freud, a metapsicologia (ou "a bruxa", como ele gostava de chamar) comparece como forma de sustentação da capacidade de pensamento do analista, impondo que este jamais ceda à tentação de acreditar mais na teoria que inventa do que na efetividade do encontro – encontro clínico no caso de Freud, encontro entre leitor e texto no nosso.

Colocadas em termos as considerações necessárias para evitar a análise selvagem, considero a hipótese da reencenação do Édipo um elemento importante para a discussão, na medida em que: 1. permite cotejar as hipóteses dos autores tomados em consideração a partir de um lugar minimamente estável (essa estabilidade sendo a função da "metapsicologização"; 2. possibilita uma discussão da problemática com o amparo da tradição psicanalítica sobre o tema, basicamente em torno da problemática da angústia edípica e a problemática da constituição do superego; 3. permite que se discuta de forma mais clara a peculiaridade da contribuição da obra do próprio Winnicott para o estudo do tema da autorização e da influência, na medida em que conclamamos as nuances teóricas das relações entre os autores, enriquecendo a discussão. Esta última consideração comporta amplas consequências para a pesquisa e para o campo, já que a contribuição efetiva da teorização de Winnicott situa-o simultaneamente em dois níveis distintos no trabalho: como objeto, sendo estudado como autor em meio a dilemas de influências e autorização, e também como referencial teórico, a partir de seus conceitos e de seus textos.

Influência

Considero, como já mencionei, a angústia de influência tendo como horizonte a metapsicologia psicanalítica; para problematizar a incidência da influência sobre o autor no contexto de um campo discursivo, no entanto, tenho em vista o conjunto de fenômenos que Foucault denominou "procedimentos internos" de atuação de poder sobre o discurso: o autor, o comentário e a disciplina (Foucault, [1970] 2004, p. 21). Já tendo apresentado minha concepção de autor (que diverge em alguns aspectos daquela apresentada por Foucault), apresento a seguir em que as concepções de comentário e de disciplina ajudam a entender a influência. Reiterando a montagem: considero aqui a *influência* – que é um campo de discurso e uma constrição das possibilidades de discurso – configurando uma *angústia de influência*, que é mobilizada no processo de *autoria*. Tratei do autor e da angústia de influência; tratarei a seguir da influência como campo.

Como já mencionei, influência é o efeito sobre o autor da tradição que o precede no campo em que ele se insere ou pretende se inserir – a forma como o que ele sente que tem a dizer se relaciona com o que naquele campo "se diz". Aquilo que ele percebe que "se diz" ou que já foi dito entre aqueles em meio aos quais procura reconhecimento age sobre o que ele tem a dizer; afinal, se ele quer ser reconhecido, tem que dizer algo que, de alguma forma, "continue" o que já foi dito, mas, ao mesmo tempo, se ele quer ser reconhecido, precisa se diferenciar dos demais de alguma maneira. Monta-se aí um dilema; esse dilema, na forma como se apresenta ao autor, é o que aqui tomo como influência. Toda pessoa que se propõe como autor lida com isso como pode, e seu trabalho (seu texto) representa, em alguma medida, uma proposta de equacionamento do dilema.

Uma das operações em causa ao lidar com esse dilema aparece no que Foucault chama de comentário, em que alguém se propõe a "[...] dizer *enfim* o que estava articulado silenciosamente no *texto primeiro*" (Foucault, [1970] 2004, p. 25). Nesse "dizer enfim", o autor se propõe a dizer o que tem a dizer, afirmando, ao mesmo tempo, que o que está dizendo é "justamente" o que se diz nos textos de influência. A proposta do comentário é "[...] dizer pela primeira vez aquilo que já havia sido dito" (p. 25), ou seja, assumir uma autoria inovadora e *ao mesmo tempo* propor-se signatário incondicional do texto (ou campo) de influência.

A disciplina não configura propriamente uma forma de "equacionar" o dilema da influência – é muito mais uma "regra do jogo". E essa regra, no caso, é que todos jogam usando um cabresto: antes mesmo de poder ser considerada boa ou ruim, verdadeira ou falsa, uma colocação deve ser considerada *pertinente*, ou seja, precisa "estar no campo". Nas palavras de Foucault ([1970] 2004, p. 33-34): "[...] uma proposição deve preencher exigências complexas e pesadas para poder pertencer ao conjunto de uma disciplina; antes de poder ser declarada verdadeira ou falsa, deve encontrar-se 'no verdadeiro'".

Na prática, o que acontece é que a pessoa chega muitas vezes a um campo cheia de ideias e coisas a dizer, e vai aos poucos descobrindo que "a coisa é mais complicada do que parece": há que se considerar a história, o que já se construiu sobre o tema, a forma como as coisas acontecem... Todas essas considerações razoáveis e necessárias *constrangem* o que a pessoa *fantasia* como sua obra e sua autoria, e esse hiato entre o impacto sonhado para as próprias ideias e a forma como os textos acabam sendo recebidos de fato aparece mesmo nos autores que se saíram melhor dentro desse "jogo". No caso de Winnicott, como já comentei, a relação entre a tradição e a inovação, entre o comentário e a afirmação, comparece de forma marcada e central, tanto naquilo que ele fala sobre seu próprio processo de autorização quanto na forma como a teoria permite entrever o desejo do escrevente.

Grosso modo, eu afirmaria que *a influência diz respeito à forma como o campo de destinação do texto age sobre o autor na configuração do texto como afirmação; angústia de influência*, por sua vez, diz respeito a duas coisas: por um lado *representa a relação do autor com o campo em que se inscreve e*, por outro, é *a concretização no texto da constrição do autor em face da destinação que deseja para seu texto.*

Como se vê, as definições de influência e de angústia de influência são muito mais delicadas e complexas do que as de autor e obra; acredito que isso ocorre em parte porque os primeiros termos estão em questão no trabalho, e serão mobilizados ao longo do texto. Espero, no entanto, que o leitor possa acompanhar a discussão com mais tranquilidade a partir dos esclarecimentos que puderam ser dados aqui.

2 Filiação e dívida em psicanálise

"De fato, nas Escrituras se lê: 'Eis que ponho em Sião uma pedra angular, escolhida e preciosa. Quem nela acreditar não ficará confundido'. Isto é: para vocês que acreditam, ela será tesouro precioso; mas, para os que não acreditam, a pedra que os edificadores rejeitaram tornou-se a pedra angular, uma pedra de tropeço e uma rocha que faz cair. Eles tropeçam porque não acreditam na Palavra, pois foram para isso destinados."

(Evangelho de São Pedro, 2 [6-8])

A moeda psicanalítica

Em uma carta bastante célebre escrita a Harry Guntrip (de 20 de julho de 1954), Winnicott afirma que *todo* psicoterapeuta deve *tudo* a Freud (Winnicott, [1987] 2005, p. 91-92). A justificativa que Winnicott oferece para essa afirmação peremptória é bastante simples: Freud dedicou sua vida ao trabalho de fundar a psicanálise, explorar o inconsciente e estabelecer o campo sobre o qual todo psicanalista que o sucede se insere. A tarefa de Freud, no entendimento de Winnicott, requeria grande dedicação e abdicação, porque

> Freud podia facilmente ter seguido direto, intuitivamente, até chegar a verdades fundamentais, mas não era isso que ele queria. Ele queria pôr de lado toda a sorte de intuições tentadoras (as quais, no entanto, surgiram nas notas de rodapé e em observações esporádicas) e dar início a uma nova ciência, embora isso significasse concentrar-se no tantinho de trabalho que estava diante de seu nariz na época (Winnicott, [1987] 2005, p. 92).

Winnicott expõe aqui, de forma um tanto quanto "telegráfica", uma concepção bastante específica e pessoal da forma como a psicanálise opera. Acompanhemo-lo.

Na primeira oração da citação, Winnicott diz que "Freud poderia ter facilmente seguido direto, intuitivamente, até chegar a verdades fundamentais" – não é qualquer um que pode chegar facilmente a verdades fundamentais; de alguma forma Freud era dono de um talento especial, ele tinha potencial. Potencial, de uma forma ou de outra, é poder. Freud, no entendimento de Winnicott, tinha à sua disposição a possibilidade, em virtude de sua potência de pensamento e visão aguçada, de chegar de forma quase inexorável a grandes descobertas. Winnicott acaba supondo que Freud poderia querer aprofundar suas investigações cada vez mais até chegar ao "umbigo" da questão – e de alguma forma parece compreensível e mesmo óbvio a Winnicott que ele tivesse esse desejo. Mas esse Freud, o Freud de Winnicott, não queria isso – ou melhor, ele queria, mas esse querer era um desejo "mais baixo", uma tentação a que estava sujeito (como ele implica ao dizer que Freud "queria pôr de lado toda sorte de intuições tentadoras"). E o Freud de Winnicott não se deixava abalar por seus desejos imediatos: ele tinha uma missão, ele queria dar início a uma nova ciência.

Dar início a uma nova ciência, no entanto, é uma tarefa sofrida para um homem como Freud; porque ele, que poderia "facilmente" ter chegado a verdades fundamentais, teria de se dedicar obstinada e metodicamente àquele tantinho de trabalho que lhe competia como fundador, aquele tantinho que "estava diante de seu nariz na época".

O que faria um homem com tanto potencial, que poderia chegar a verdades fundamentais, dedicar toda sua vida a conter-se, debruçando-se apenas ao tantinho de trabalho que enxerga diante de seu nariz? Por que alguém que aparece como um gênio em uma frase é apresentado trabalhando quase como uma toupeira na frase seguinte? E a resposta, fornecida pelo próprio Winnicott, é direta: porque ele estava dando início a uma nova ciência.

Freud, portanto, dedicou todo seu gênio em prol da criação de uma ciência – e é por isso que todo psicoterapeuta deve tudo a Freud; porque, como Winnicott diz em outro momento da mesma carta, o trabalho de todo e qualquer psicanalista "tinha de partir de algum lugar", e o trabalho de todo e qualquer psicanalista parte daquele tantinho de trabalho que Freud tinha à sua frente na época. No entendimento de Winnicott, Freud ofereceu seu gênio em sacrifício: em vez de entregar-se ao desejo de atingir verdades fundamentais, ele se esmerou na criação de uma ciência, e a partir dele todo psicanalista que produz – e tudo o que cada psicanalista produz – ancora-se em Freud, na obra freudiana; em vez de criar para si uma obra de profundidade única, Freud esmerou-se para produzir um campo, confiando que seus sucessores saberiam dar continuidade ao seu trabalho.

Uma das coisas curiosas na carta de Winnicott é que, pela forma como ele constrói as frases, a ideia de que todo psicoterapeuta deve tudo a Freud soa quase singela, como se essa dívida fosse uma dívida a ser cultivada – como se fosse um apelo à gratidão; a ideia, no entanto, não é necessariamente bonita: Freud seria um megacredor e todos os psicoterapeutas estariam endividados com ele em tudo o que eles têm. Tomando certo distanciamento da ambientação da afirmação de Winnicott, pegamo-nos estranhando a situação: a ideia é demasiado dramática e soturna para ser apresentada em termos tão singelos; e, no entanto, não parece que Winnicott esteja floreando ou escondendo nada – a carta transpira sinceridade e assertividade. Por que esse hiato entre a evocação emocional proposta pela ideia que aparece na carta e o caráter um tanto perturbador da imagem que ela veicula?

Se existe uma razão sondável para isso, só poderemos encontrá-la mais à frente, quando estivermos analisando as angústias de influência conforme elas comparecem na imagem de autor de Winnicott no campo da psicanálise. Para evitar um estancamento diante de um desafio precipitadamente avançado, formularemos, de forma a poder prosseguir viagem, outro ângulo para a questão: qual é a natureza da relação entre a dívida de todo psicoterapeuta com Freud e a dívida em sua configuração corriqueira, entre, por exemplo, um devedor e seu credor?

Para Winnicott, como mencionei, todo psicanalista (ele fala em psicoterapeuta, mas acho o ajuste válido) deve tudo a Freud; acredito, entretanto, que essa dívida precisa ser olhada mais de perto, para que possamos compreender que tipo de dívida é, e que influência ela tem sobre os psicanalistas – não é óbvio que todos em um campo devem tudo ao fundador desse campo, e se tal ideia é verdadeira, no caso da psicanálise, é primordial que possamos entender como ela funciona.

Uma sugestão interessante para a compreensão desse ponto é sugerida por John Forrester:

> Para ler Freud, deve-se postular que ele efetivamente criou uma moeda, uma moeda psicanalítica, e que em posse de seu texto estamos segurando as notas de crédito desse sistema econômico. Depositar confiança em Freud é, portanto, como depositar confiança na instituição que emite notas de crédito ou notas bancárias. Os textos de Freud, portanto, devem ser tratados como notas promissórias, caso se deseje lê-los adequadamente (Forrester, 1997b, p. 113, tradução minha).

Forrester sugere que a relação do psicanalista com Freud é como a "dívida" daqueles que se engajam em atividades mercantis com o banco central – que emite as notas. É aí que entra em ação um deslocamento grande: porque, nos termos de Forrester, não se trata de dívida, e sim de *confiança*: o que o banco central oferece àquele com notas é, também, um crédito, mas esse crédito não implica que um deve algo a outro – o primeiro estabelece bases para o segundo, que por isso confia que as operações que está fazendo têm *lastro* (têm base, têm solo).

O horizonte da problematização de Forrester, vale lembrar, é outro: ele trata, nesse ponto da argumentação, da problematização de Lacan sobre o texto de Freud, situada simultaneamente no nível da confiança e no nível do crédito: o psicanalista deve *dar crédito* a Freud sem questioná-lo, deve confiar em seus textos e basear-se neles – sem escorar-se neles – para conduzir seu trabalho. O ponto em causa, implicitamente mobilizado por Lacan, é que Freud não pode ser questionado – Freud é o começo e o fim da linha, *Freud se autoriza a si mesmo*.[8] Daí deriva que há, sim, uma dívida a Freud, mas essa dívida é impagável – *todo psicanalista deve*, e todo psicanalista deverá, e deverá para sempre, *tudo a Freud* (e daí percebemos que a questão de Forrester é outra, mas não tão outra assim). Freud é o banco central da psicanálise, o sistema se funda nele, e atrás dele não há nada.

Será essa a natureza da dívida a Freud que Winnicott menciona em sua carta a Guntrip? Se for, a observação de Winnicott, presente na mesma carta, de que "meu ensaio sobre regressão não faria sentido algum se surgisse num mundo que não houvesse sido preparado para ele por Freud" assumiria um contorno bastante expressivo: não fosse por Freud, os textos dos psicanalistas não valeriam nada.

Reforça essa hipótese, ainda, a crítica que Winnicott faz a Fairbairn nessa mesma carta: Winnicott afirma a Guntrip que o propósito professado por Fairbairn, de "suplantar as teorias de Freud", é desnecessário, e que Fairbairn "estraga um livro muito bom com isso". De fato, se a perspectiva é de que Freud é quem emite as notas de valor dos textos em psicanálise, o eventual suplantamento de Freud por Fairbairn geraria uma "crise de confiança" em toda a psicanálise; mais do que isso: o suplantamento de Freud é impossível, mas se configura como um ataque à fundação mesma da psicanálise – angaria muitos inimigos, não funciona em quase

8 Espero que fiquem claros ao leitor os pontos de destinação dessa autorização: do ponto de vista da autoanálise, da influência e da autoridade. Como Agamben demonstra em *Homo sacer* (em acordo com a discussão de Forrester), o governador se *insere fora* do sistema de governo, ele é o ponto vazio de fundação e manutenção da ordem; Freud é quem cria as regras, e é a *exceção legal* à regra (Agamben, [1995] 2010).

nada e "estraga" o que poderia, sem isso, ser uma proposta boa. Querendo levar a psicanálise para além de Freud, o máximo que Fairbairn faz é jogar seu texto *fora*, onde ele não significa nada (no "mundo que não foi preparado para isso" a que Winnicott se refere).

Não se trata, portanto, de superar Freud; e, no entanto, supõe-se que um psicanalista que se dispõe a escrever deve ter alguma coisa a dizer que Freud não tenha dito.[9] Quem se propõe a ser psicanalista, e como psicanalista se propõe a ser autor, deve necessariamente se haver com a dívida que tem em relação a Freud e com o desejo que nutre de se afirmar por si só; se lembrarmos, no entanto, que Freud é o único na psicanálise a se afirmar por si só, teremos montado o dilema sobre o qual se instala o analista, do ponto de vista de sua autorização e de sua influência.

Há mais um ponto da carta de Winnicott a Guntrip sobre o qual é importante nos determos para abordar a relação do psicanalista com Freud; consiste em outra declaração bastante famosa, em que Winnicott afirma que quando escreve assume que "as pessoas conhecem seu Freud e estão familiarizadas com a teoria em desenvolvimento". Essa passagem é muito citada em discussões sobre a relação de Winnicott com Freud, tendo em mente que ele dificilmente cita Freud e que a linguagem que usa remete muito pouco à linguagem habitualmente associada ao "freudismo", em

9 Talvez fiquemos tentados a pensar aqui que em toda ciência algo semelhante se passa: a psicanálise tem seu Freud, a medicina tem seu Hipócrates, a Física tem seu Galileu. A coisa, no entanto, claramente não funciona assim: Freud é insuperável, como todo "fundador de ciência" é, mas para além disso, e principalmente, todo analista deve se haver com sua dívida a Freud para poder afirmar algo em psicanálise. "O pensamento psicanalítico não é uma religião, não mais do que não é uma ciência ou uma filosofia; é algo radicalmente novo e irredutível a qualquer uma destas categorias" (Stein, 1988b, p. 41).

que a metapsicologia é uma referência constante e onde se fala muito sobre o psiquismo do sujeito. O contexto de meu interesse é similar, mas gostaria de apontar dois outros aspectos da frase.

Ao afirmar supor que as pessoas conhecem Freud, o que ele põe em causa é a escolha de não "explicar" Freud em seus textos. Com isso ele se expõe ao risco, obviamente, de que seus leitores, fazendo uma leitura desatenta de seu texto, deixem de perceber os pontos da teoria psicanalítica que ele está pondo em jogo a cada momento, e com isso deixem de perceber a importância ou a inovação, ou o tradicionalismo, no que afirma; podemos dizer que ele retoma aqui, pontualmente a respeito de Freud, a famosa frase do texto "Desenvolvimento Emocional Primitivo":

> Não pretendo apresentar em primeiro lugar uma resenha histórica, mostrando o desenvolvimento de minhas ideias a partir das teorias de outras pessoas, porque minha mente não funciona dessa maneira. O que ocorre é que eu junto isto e aquilo, aqui e ali, volto-me para a experiência clínica, formo minhas próprias teorias e então, em último lugar, passo a ter interesse em descobrir de onde roubei o quê. Talvez este seja um método tão bom quanto qualquer outro (Winnicott, [1945] 2000a, p. 218).

A despeito dos riscos que corre, no entanto, Winnicott parece pôr em operação com essa escolha estilística um deslocamento interessante: os leitores de seu texto precisam, a fim de se situarem, entender o que ele está tentando dizer, para só a partir daí poderem inferir onde Winnicott se situa no jogo de influência da situação psicanalítica e eventualmente tomar partido em termos de pertencimentos dogmáticos; como ele "rouba" as ideias que usa, fica impossível usar suas referências como uma tatuagem que o identifica a uma gangue ou a outra – na época, para identificá-lo como kleiniano ou como annafreudiano. Com isso, o que ele proporciona, em alguma medida, é uma inversão da "circulação de influências" conforme ela se efetivava (ou se efetiva) nas instituições de psicanálise, onde imperava (ou impera) o "diga-me com quem andas e te direi se quero ouvi-lo". Essa escolha, se efetivamente é disso que se trata, faz todo o sentido no contexto de desenvolvimento intelectual de Winnicott na psicanálise – contexto de Controvérsias,[10] de enrijecimento de "times" dentro da Sociedade Britânica em disputa pelo título de "verdadeiro representante" do legado freudiano; o "método" (na medida em que a citação anterior reflete um método), a linguagem escolhida por Winnicott funciona como uma revolta não violenta contra a política vigente, como um dispositivo com intuito desmobilizador.[11] Talvez esse ponto fique obscuro porque temos dificuldade, hoje, de ler os textos de Winnicott sem associar ao nome Winnicott uma sombra imensa que, por si só, autoriza o texto. Mas, se tentarmos imaginar um cidadão que entra em uma instituição psicanalítica e começa a lançar artigos e a pronunciar conferências em que não cita ninguém e propõe inovações significativas, talvez possamos perceber o arrojo do movimento retórico de Winnicott.

10 Denominaram-se *Grandes Controvérsias* as disputas que tomaram a Sociedade Britânica de Psicanálise entre Anna Freud e Melanie Klein e seus respectivos filiados e aliados – disputa em torno da "herança" de Freud, do legado legítimo da psicanálise. As Controvérsias se entenderam desde a chegada de Anna Freud a Londres em 1938 até 1945. Os principais documentos desse período são retratados no livro *As Controvérsias Freud-Klein: 1941-1945*, organizado por Pearl King e Riccardo Steiner (King; Steiner, [1991] 1998).

11 Eu não afirmaria, no entanto, que Winnicott tenha consciente e explicitamente calculado esse elemento "estratégico" de seu estilo no horizonte da problemática institucional.

Mais do que isso, ainda: visto que não entrega todas as "credenciais" de onde retira a legitimidade do que diz, Winnicott se "afiança" unicamente na experiência clínica e na confiança que os leitores têm em sua análise pessoal e formação adequada (deles, leitores, e dele, autor). Quando, mais à frente no mesmo preâmbulo de texto, afirma que ouvindo e criticando o que ele tem a dizer os ouvintes poderão ajudá-lo a estudar a origem das ideias que ele apresenta, Winnicott se coloca como alguém que *precisa não saber* de onde as coisas vêm, e supõe que as críticas dos interlocutores denunciarão quem foram os "roubados", e em quê. Nessa medida, a declaração mais sincera para Winnicott talvez fosse dizer que supõe que as pessoas *e ele mesmo* conhecem seu Freud (porque ele não reconhece o Freud que ele conhece), e conhecem a teoria psicanaliticamente com alguma robustez. Ele mesmo precisa esquecer o que sabe para se colocar, e propõe suas colocações impondo a seus leitores que se dispam do que sabem que sabem para encontrar o que ele está dizendo.

Há aí um interessante elemento em causa: na conjunção do "roubo aqui e ali" e do "suponho que as pessoas conhecem seu Freud", Winnicott inscreve, dentro do clima hostil da Sociedade Britânica, algo muito parecido com o "retorno a Freud" que Lacan faria, apesar de fazê-lo de forma muito distinta (Winnicott supunha que seus leitores tinham seu Freud lido, e Lacan nunca fez nada parecido. Winnicott talvez se iludisse, alucinasse mesmo um ponto de encontro e consistência que não estava *a priori* posto). Porque, como salienta Forrester em sua exposição sobre a leitura lacaniana de Freud, jamais se tratou de citá-lo exaustivamente ou de *deter-se* sobre o texto de Freud; tratou-se, isso sim, de confiar no texto de Freud e depositar nele confiança

(Forrester, 1997b, p. 110-115). De Freud se retira, certamente, o fundamento para as afirmações que se faz, mas não é Freud quem paga as contas que o autor cria – o psicanalista se funda em Freud, mas tem que se haver com o que deve, com sua trajetória, sua autorização.[12]

A implicação política

Na medida em que foge à *etiqueta* da produção intelectual psicanalítica, abandonando as apresentações filiais no estabelecimento do texto, Winnicott põe em questão justamente o lugar da influência na criação em psicanálise; é esse o campo que estou mobilizando aqui, de forma um tanto tateante e intuitiva, pelo fato de Winnicott não ter exposto seu pensamento a esse respeito – e este livro tem como incumbência, portanto, articular seu pensamento teórico, estabelecido em torno de outros objetos, a essa dimensão "atuante", mas não teorizada explicitamente. Visto que não sei o que Winnicott pensaria sobre o que estou propondo, diria que estou *aplicando* a retórica e a instituição autoral de Winnicott a uma discussão sobre as políticas de filiação e autorização em psicanálise.

O posicionamento de Winnicott talvez represente uma renovação diante do problema enfrentado pela psicanálise à época – o do excessivo ajustamento e docilidade daqueles

12 As naturezas da identificação com Freud no caso de Lacan e de Winnicott, no entanto, são muito distintas, e isso tem consequências que ainda precisam ser mais bem estudadas. Considero, por exemplo, as problematizações levantadas por Conrad Stein sobre a "identificação com Freud" (Stein, 1988b, p. 42-47), em cujo horizonte o trabalho de Winnicott nos surgiria como algo mais "sadio" do que o de Lacan.

autorizados a se denominarem psicanalistas por intermédio da burocracia da instituição:

> A autosseleção cedeu lugar a um minucioso exame dos candidatos. Donde a exclusão daqueles que são suspeitos de alterações mentais, dos excêntricos, dos autodidatas, dos grandes imaginativos; em vantagem daqueles que, bem acomodados e bem preparados, são trabalhadores o bastante para ambicionar maior eficácia profissional (Anna Freud, citada por Kupermann, 2008, p. 34).

A geração imediatamente ligada a Freud era caracteristicamente geniosa, atribulada, imaginativa, engajada; Anna Freud preocupava-se com a excessiva docilidade e submissão dos candidatos que via pleitearem o título de psicanalistas, conforme expressa na carta a Jones citada anteriormente. Winnicott, por sua parte, se "autorizou" psicanalista ao cabo de um processo de análise didática regular, apresentando um trabalho de "prova de fogo", tudo como manda o figurino. Ao longo de seu processo, no entanto, afiançar-se-ia cada vez mais em uma criatividade marcadamente singular, em detrimento da apresentação ostensiva de suas filiações e referências.

No geral, quanto à questão da dívida que se imbrica na influência e sobre a qual me detive nesse capítulo, acredito que, no caso de Winnicott, ela se baseia em "[...] um paradoxo essencial, que deve ser aceito e não se destina à solução" (Winnicott, [1947] 1975, p. 203). Esse paradoxo se estabelece na dívida absoluta de Winnicott a Freud, reconhecida por ele, e que conviveu perfeitamente com o fato de Winnicott fundar-se em outros campos e autorizar-se de outras maneiras. Temos uma boa apresentação desse paradoxo nas conquistas maiores dos últimos anos de vida de Winnicott: por um lado, a organização de seu último livro, *O brincar e a realidade*, primeiro trabalho organizado como apresentação sistemática de um pensamento original e fundador (talvez o único lugar onde Winnicott se porta claramente como "fundador de uma tradição"), e que ele dedica a seus pacientes, que "[...] pagaram para me ensinar" (Winnicott, [1947] 1975, p. 203); por outro, a apresentação do busto de Sigmund Freud esculpida por Oscar Nemon e entregue em cerimônia grandiosa e solene em 1970 – Winnicott havia dedicado a energia que tinha e a que não tinha nos anos antecedentes como líder da comissão que conduzia e arrecadava fundos para a homenagem ao mestre na Sociedade (Kahr, 1996).

Winnicott roubava, sim; mas jamais sonegou. Talvez uma das afinidades entre o pensamento de Winnicott e o de Nietzsche apontada por Adam Phillips (Phillips, [1988] 2007, p. X) seja essa suspensão da ética da dívida no seio da instituição psicanalítica. Se a psicanálise sofria, à época, com a docilidade dos candidatos e membros e com a normalização dos pertencimentos, Winnicott propõe um modelo de pensamento em que delega ao pensador, até as últimas consequências, a responsabilidade sobre si; assim como roubava desavergonhadamente, defendia o valor da agressividade, combatia a ideia de pulsão de morte e criticava, sempre que tinha chance, a ortodoxia e a idolatria. Foi necessária a criação de um paradoxo para que fosse possível a alguém roubar alguma coisa e declará-lo, como se roubar fosse um direito conquanto houvesse responsabilização por ele; foi necessário "progredir para trás", rever o próprio enquadramento da concepção de sujeito na psicanálise, para pôr em novas chaves a relação à dívida e a relação à autonomia.

À época do ápice das angústias de autorização de Winnicott (entre 1935 e 1945, grossamente), a psicanálise se encontrava em franca crise. Na França, a figura de Freud esvanecia ao fundo de uma psicanálise minguante, e foi como um profeta que Lacan veio propor o "retorno a Freud"; na Inglaterra, a figura de Freud instalava-se ao centro das discórdias, inconteste, e a fratria disputava entre unhas e dentes o direito de falar em nome do líder totêmico, e nesse contexto Winnicott assumiu um lugar delicado e paradoxal. Temos pela frente o desafio de abordar sem solução de compromisso toda a ambiguidade e complexidade de sua autorização, de sua assunção de influência no contexto britânico, nos termos do que seu processo teve de apaziguamento, de revolução não violenta, de iconoclastia e – por que não? – de retorno a Freud.

3
Winnicott e seus credores

"Não pode haver ausência de boca nas palavras: nenhuma fique desamparada do ser que a revelou."
(Manoel de Barros, *Livro sobre nada*)

Apresentação

É frequente citarem uma passagem de um texto em que Winnicott diz: "[...] se houver algo que faça que não seja freudiano, gostaria de sabê-lo" (Winnicott, [1967] 2007, p. 437). O mais habitual é que essa passagem seja tomada como "testemunho" do caráter freudiano do pensamento de Winnicott, a citação sendo usada nesse contexto como resposta àqueles que consideram que ele não o seja. Gostaria de sugerir que possamos dar um passo de lado para fugir dessa discussão, e pensar em outra leitura para a afirmação: de onde está, creio que Winnicott *não tem como saber* quando é e quando não é freudiano, e isso se revela fonte de preocupação para ele ("se houver algo que faça que não seja freudiano, gostaria de [poder] sabê-lo"). O que sugiro nessa leitura é que Winnicott *precisa* escrever como escreve, e precisa pensar como pensa, com o que infiro que seu estilo pode até ser espontâneo e autêntico, mas é também uma resposta aos dilemas que enfrenta no contexto de seu pertencimento à tradição. Desdobro, assim, a outra afirmação de Winnicott a que inevitavelmente voltamos, e que já citei nesse trabalho: sobre a necessidade de Winnicott de roubar as ideias que usa.

Winnicott e seus credores

Em janeiro de 1967, Winnicott foi convidado a dar uma palestra a um grupo de analistas britânicos que se denominava Clube 1952; o convite era para que ele explicasse a relação de sua obra com o pensamento de outros psicanalistas – e a partir daí vemos que já naquela época essa era uma questão...

Winnicott, como nos informam os organizadores da coletânea *Explorações psicanalíticas* (figura uma transcrição da referida palestra), escolheu nomear o encontro com o título "DWW sobre DWW" – DWW sendo, obviamente, a sigla para seu nome completo, Donald Woods Winnicott.

Por que ele fez isso? O grupo o convidou a discorrer sobre a relação de seu pensamento com o de outros psicanalistas e, em resposta, Winnicott propõe um título que poderia perfeitamente ser um curto-circuito: ele falando sobre ele mesmo, ou a relação de sua presença no grupo com sua obra, ou qualquer coisa que o valha. Poderíamos pensar que Winnicott se recusa a falar sobre outros autores.

Ou poderíamos pensar que ele entende que uma coisa *é* a outra: que falar sobre a relação de seu pensamento com o de outros psicanalistas é falar sobre ele mesmo. Como se ele dissesse que é impossível falar sobre a relação dele com outros psicanalistas "a partir de fora", porque ele só poderia acessá-la a partir de seu próprio pensamento; como se ele dissesse que

> [...] parece impossível falar a respeito do indivíduo sem falar sobre a mãe, porque a mãe ou a pessoa que se encontra no lugar dela é um objeto subjetivo – em outras palavras, não foi objetivamente percebido – e, portanto, a maneira pela qual a mãe se comporta faz realmente parte do bebê (Winnicott, [1967] 2007, p. 441).

Será que os autores de que Winnicott se alimenta são "objetos subjetivos" para ele? É, certamente, uma hipótese arriscada – mantenhamo-la em suspenso por ora.

Perante o tal Clube 1952, Winnicott se apresenta de certa forma arrependido por não haver feito antes as associações de seu pensamento com o de outros psicanalistas. Em sua fala inicial, ele já diz:

> À medida que o tempo ia passando, dei-me conta cada vez mais de quanto eu havia perdido por não haver correlacionado apropriadamente o meu trabalho com o trabalho dos outros. Isso [...] significou que o que eu disse ficou isolado e as pessoas tiveram de dar-se a um monte de trabalho para chegar a ele. Acontece que é esse o meu temperamento e constitui uma grande falha (Winnicott, [1967] 2007, p. 437).

Algumas coisas ficam claras nessa passagem: a primeira delas é que ele já sabia antes que não associava apropriadamente seu trabalho com o dos outros; a segunda é que pôde perceber que isso tinha um custo, e que foi percebendo esse custo paulatinamente – sendo que o custo para ele é o isolamento de seu trabalho e o trabalho a que as pessoas têm de se submeter para "chegar" a ele; a terceira é que considera isso consequência de uma "falha" decorrente de seu "temperamento".

Acredito que essa passagem nos permite revisitar a citação da abertura de *Desenvolvimento emocional primitivo* ("de onde roubei o que...") em um aspecto importante: naquela passagem, ele diz que seu método de "roubar" aqui e ali as ideias em que se inspira é, provavelmente, um método "tão bom quanto qualquer outro" – isso é o que afirma em 1945. Vemos, no entanto, que em 1967 ele compreende esse seu método de forma diferente, dando-se conta do "quanto havia perdido"; mais do que isso, ele atribui em 1967 o método que empregou por tantos anos a uma "falha de temperamento", e não a uma escolha metodológica tranquila.

Que Winnicott se disponha a abrir sua comunicação com uma afirmação tão sincera e contundente parece prova de grande clareza intelectual, não? Sem dúvida, o estilo de Winnicott soa, ao menos a mim, como uma demonstração continuada ao longo da vida de sinceridade intelectual; acredito, porém, que outras coisas entrem em jogo. E uma das maiores evidências nesse sentido surge a mim na forma como ele fecha o texto, em que diz:

> Direi apenas que não sei se gostariam de debater alguma coisa disto ou se prefeririam ajudar-me, por carta, a corrigir-me e a reunir-me com as várias pessoas através do mundo que estão fazendo trabalhos que eu, quer furtei, quer apenas ignorei. Não prometo segui-lo até o fim porque sei que vou continuar

> a ter ideias que pertencem ao lugar onde estiver no momento, e não posso deixar de fazê-lo (Winnicott, [1967] 2007, p. 443).

Confesso que fui tomado por certo assombro quando percebi a discrepância entre a abertura e o fechamento do texto – depois de abrir o texto em tom de "criminoso arrependido", reconhecendo o custo e a falta de modos da forma como trabalhou por anos a fio, ele encerra sua comunicação pedindo que mandem sugestões, se quiserem, mas afirmando que se exime de segui-las, porque as ideias que tiver vão pertencer ao lugar onde nascerem; ou seja: reconhece que errou e declara que vai continuar errando!

Em 1945, no mesmo texto em que afirmou "roubar" as ideias, Winnicott escreveu: "[...] ouvindo o que tenho a dizer, e criticando, vocês me ajudarão a dar o passo seguinte, que consiste em estudar a origem das minhas ideias" (Winnicott, [1945] 2000a, p. 219). Pelas afirmações que citei, podemos ver que esse foi um passo perante o qual ele hesitou muito e que teve muita dificuldade em dar; aparentemente cabe a outros, de fato, o "monte de trabalho" necessário para articular suas ideias às de outros psicanalistas, posto que a tal "falha de temperamento" ainda estava presente em 1967, e acho seguro afirmar que essa "falha", qualquer que fosse, acompanhou-o até o fim.

Talvez onde Winnicott descreva uma "falha de temperamento" resida algo próprio de seu caráter – que Goldman acidamente descreve como de um "narcisista gracioso e performista nato" (Goldman, 1993a, p. XVIII); para além das especulações, o fato é que Winnicott teve esse "passo" que ele sentia que precisava ser dado sempre à sua frente, passo que o levaria a incrustar seu trabalho no edifício psicanalítico, e há evidências suficientes de que, no fim de sua vida, ele esteve praticamente obcecado pela necessidade de articular seu pensamento de forma coerente e apresentá-lo de forma acessível. Esse "passo" se anunciava sempre a ele como premente, e seus textos escancaram essa idiossincrasia de estilo, evidenciando que outros poderiam estar lá e não estão. Esse "passo a ser dado" é um espaço vazio nos textos, é uma espécie de concavidade evidente – ele mesmo não punha ninguém lá, pedia a seus leitores/ouvintes que vissem isso, e que tomassem parte na tentativa de lidar com isso. Essa parece ser uma marca de estilo com forte impacto para a autorização e para a influência.

Winnicott dedicou seus últimos anos ao esforço de construir um legado a partir de sua história – legado que se reflete no esforço autobiográfico (interrompido), no esforço editorial, no esforço de clareamento de suas ideias. Enquanto vivia, Winnicott tentou dar vazão a tais espontaneidade e autenticidade, deixando àqueles à sua volta o trabalho de "retirar do caos" o que quisessem aprender com ele (Goldman, 1993a, p. 117); quando começou a pensar em morrer, no entanto, passou a levar muito mais a sério o esforço de "proteger" suas ideias e seus pensamentos numa matéria que resistisse ao tempo e que pudesse ser apropriada por outros – como se tentasse envolver seu pensamento na película de falso *self* e aceitabilidade de que fugiu ao longo da vida.[13]

13 Estou ciente do fato de o conceito de falso *self* não dizer respeito a algo "ruim" em si, e que não é ruim que haja falso *self* na vida de alguém; por isso poder-se-ia pensar que é errôneo supor que Winnicott fugia do risco de um comportamento em que compareça uma dimensão preponderantemente associada ao falso *self*. A despeito de tal possibilidade, sustento essa hipótese, para a qual fornecerei mais argumentos no capítulo seguinte. Para antecipar um resumo do argumento, convido o leitor a supor que há, sim, uma dimensão moralista associada de forma subjacente à antinomia conceitual verdadeiro/falso *self*, relativamente a qual Winnicott defende um máximo de verdadeiro *self* e um mínimo de falso *self* como algo "bom".

Imago paterna e imago materna na angústia de influência

Questionei, há alguns parágrafos, se os autores de que Winnicott se alimenta são objetos subjetivos para ele. Retirei os fundamentos para a questão de um elemento simples: sua afirmação de que teve dificuldade, ao longo da vida, em associar seu pensamento ao dos demais, que ele retoma em 1967 dizendo que continuará tendo "ideias que pertencem ao lugar onde estiver no momento". Nos dizeres de Roberto Graña, "[...] o uso que Winnicott fez de seus objetos consistiu numa apropriação tão completa que lhe era difícil apontar, exatamente, os lugares de onde derivava o seu refinado saber" (Graña, 2007, p. 16).

Como ele mesmo explica nessa comunicação ao Clube 1952, sua diferença em relação a Melanie Klein consiste em que, para ele, o ambiente não pode ser separado do estudo do indivíduo, porque, no desenvolvimento inicial, o ambiente faz parte do sujeito, e a "mãe" (ou quem quer que seja que alimente o sujeito) *faz parte* do psiquismo em desenvolvimento. A partir daí retirei os fundamentos da tal pergunta: se Winnicott não consegue trabalhar se referindo aos objetos que o alimentam, e se não consegue discriminar de onde rouba e o que rouba e de quem, talvez isso ocorra porque esses "trabalhos de outros psicanalistas" que contribuem para a formação de suas ideias sejam "parte dele".

Não poderíamos abordar um problema desse porte "de frente", mas somente "pelas bordas". Temos, no momento, de nos deter em um detalhe importante que entra em causa aqui: os autores que estudam a influência associam as figuras de influência a figuras paternas, e o objeto subjetivo é associado inevitavelmente à figura materna – que tipo de problema essa incompatibilidade pode gerar? Pois acabei levantando uma hipótese de "relação de influência" que situa os autores "roubados" por Winnicott no lugar de objeto subjetivo, na indiscriminabilidade eu-ambiente que caracteriza as relações iniciais entre a mãe e o bebê.

Talvez essa dificuldade tivesse me demovido de sugerir a aproximação que fiz entre a angústia de influência, a impossibilidade de "citar as fontes" em Winnicott e a mãe como objeto subjetivo, não fosse uma afirmação em favor dessa hipótese pelo próprio Winnicott, e nesse mesmo texto de 1967; falando de uma ideia de Margaret Little que se mostrou importante para ele, Winnicott diz: "[...] de maneira que esse é um pedacinho de minha vida em que realmente obtive algo de outra pessoa, quase como se o houvesse furtado da bolsa de minha mãe" (Winnicott, [1967] 2007, p. 442). Salientando esse episódio como "pedacinho" em que obteve algo de outra *pessoa*, ele ainda reforça, discretamente, a sensação de que, em outros casos, não tenha obtido coisas de *outras* pessoas, mas de objetos subjetivos indiscrimináveis dele. De qualquer forma, a associação de Winnicott desse episódio de influência discernível à "bolsa da mãe", Winnicott favorece que arrisquemos a proposição de uma influência despertando uma angústia relativa à imago materna, e não paterna.

E de fato é justo que voltemos nosso olhar, ao tratar de Winnicott, ao papel da mãe, ainda que em um tema marcado pela paternalidade. De forma alguma subscrevo àqueles que afirmam que Winnicott não aborda ou não leva em conta a influência do pai; levo em conta, no entanto, aquilo a que Goldman se refere:

> Há certamente algo que pode ser chamado de viés maternal permeando os escritos de Winnicott. [...] De fato, Winnicott

tinha uma identificação maternal tão forte que Katherine Whitehorn, em um artigo ao *The Observer* baseado em uma entrevista com ele, chegou a descrevê-lo como uma "Madona" (Goldman, 1993b, p. 42, tradução minha).

Winnicott não renega nem abandona o papel do pai na constituição psíquica; parece inegável, no entanto, que ele enfatiza o papel da mãe. Talvez fosse apenas justo se, ao fim e ao cabo, um estudo da influência em Winnicott acabe enfatizando o papel da imago materna na influência e na autorização.

Mas quais são as consequências de se associar a influência à figura materna?

Respondo: as consequências são, ao mesmo tempo, enormes e muito pequenas. Enormes porque abrimos uma frente de discussão que inicialmente estaríamos dispensando; muito pequenas porque, a rigor, a abordagem do papel da mãe não desconsidera nem diminui o papel do pai. Na verdade, seguimos Winnicott quando afirma que "[...] o leitor é convidado a lembrar-se, quando ler uma parte de meu trabalho, que as outras partes estão sendo deliberadamente excluídas, e não foram esquecidas. A linguagem de uma parte específica é inadequada para as outras" (Winnicott, [1988] 1990, p. 52). Proponho aqui abrir uma frente de discussão que complexifica a discussão estabelecida, mas que não pretendo descartar nem diminuir.

É claro que seria profundamente injusto esperar, como Winnicott sugere, que o leitor tenha em mente todas as partes e todas as linguagens em todos os momentos. O ponto aqui é que "[...] a dissecação das etapas do desenvolvimento é um processo extremamente artificial. Na verdade, a criança está o tempo todo em todos os estágios, apesar de que um determinado estágio pode ser considerado dominante" (Winnicott, [1988] 1990, p. 52). Trazendo esse raciocínio para o nosso contexto, incluir a dimensão da imago materna na influência não implica mudar o ângulo do problema, mas sim progredir para trás, considerando outra dimensão compondo a mesma problemática; essa dimensão talvez estivesse em operação já nas considerações fundadas na imago paterna, mas era como uma emolduração discreta, silenciosa, como se os autores supusessem uma relação primordial suficientemente boa com a influência. Com Winnicott, como fundação teórica e como exemplo (e como objeto), somos convidados a pensar que há outras dimensões mais primitivas de influência.

Quando afirma que estamos o tempo todo em todos os estágios, Winnicott põe em causa a não exclusão entre sua ênfase no desenvolvimento inicial do bebê em contato com sua mãe, o bebê de Klein e seu desenvolvimento psíquico inicial e as "pessoas inteiras" de Freud; Winnicott, "[...] vindo da criança de Freud, passando pelo bebê de Klein até o recém-nascido dele mesmo, observa a diferença e a vigência simultânea das diversas linguagens que vai adotando" (Figueiredo, 2009, p. 60). O que, no nosso contexto, significa: considerarei o papel da imago materna nas angústias de influência, sem com isso desconsiderar ou pôr em segundo plano o já consagrado estudo da imago paterna na influência (que se baseia, em grande parte, na psicanálise e no papel do complexo de Édipo nesse contexto).

4
O papel do pai

"Ser o que se pode é a felicidade. Não adianta sonhar com o que é feito apenas de fantasia e querer aspirar ao impossível. A felicidade é a aceitação do que se é e se pode ser."

(Valter Hugo Mãe, *O filho de mil homens*)

Angústia de influência segundo Harold Bloom

O livro *A angústia de influência*, publicado por Harold Bloom em 1973, é certamente um marco. Nele, o autor propõe que as obras dos grandes poetas sejam abordadas (do ponto de vista da crítica literária) a partir das influências que marcam sua criação e da forma como elas se situam perante tais influências. Segundo o argumento do livro, toda a tradição poética moderna se consagra como uma luta dos poetas para superar seus predecessores, desfazendo a influência e acessando a inspiração, a "musa", em sua forma pura e plena. Como diz o autor, "[...] na argumentação deste livro, tem-se a história poética como indistinguível da influência poética, uma vez que os poetas fortes fazem essa história distorcendo a leitura uns dos outros, a fim de abrir para si mesmos um espaço imaginativo" (Bloom, [1973] 2002, p. 55).

Mais do que um referencial metodológico para a leitura crítica de poetas, Bloom configura uma teoria da poesia – e uma teoria bastante trágica em seus contornos. Para ele, a poética moderna nasce com Shakespeare, que é deixado à parte do estudo intencionalmente por ser o "ponto de partida", o fundador das influências na modernidade. Segundo Bloom ([1973] 2002, p. 29-60),

> Shakespeare é o maior exemplo na língua de um fenômeno que fica fora do interesse deste livro: a absoluta absorção do precursor.[14] A batalha entre iguais fortes, pais e filhos como poderosos opostos, Laio e Édipo na encruzilhada, só isso é meu tema aqui. [...] Dizer que Shakespeare e influência poética são quase a mesma coisa não é muito diferente de observar que Shakespeare é o cânone literário ocidental.

Shakespeare é o ponto de partida para a instalação da poesia moderna; a partir dele, os poetas se acotovelam entre si em busca de um espaço à luz da Musa Inspiradora, e a briga vai-se tornando, evidentemente, cada vez mais dura conforme o tempo passa. Para o sombrio Bloom ([1973] 2002, p. 60), "[...] parece justo supor que a poesia em nossa tradição, quando morrer, será autoassassinada, pela sua

14 Essa passagem de Bloom sempre me remete à resposta de André Green, quando questionado sobre qual seria a maior novidade na psicanálise: "Freud" (Figueiredo, 2009, p. 13).

própria força passada".[15] Shakespeare é o poeta que cria o campo, e a partir dele o campo se desdobra como pode – de forma notavelmente similar ao que expus no capítulo 3 como o papel de "instaurador de confiabilidade" no campo da psicanálise, à exceção da atuação da entropia que Bloom vê na poesia e que não parece funcionar no campo da psicanálise.

A meu ver, um elemento que confere maior impacto e penetração ao trabalho de Bloom é o fato de ele cunhar um espaço internamente tenso e irredutível para a leitura, evadindo-se às leituras exclusivamente culturalistas, históricas ou psicológicas. E isso a despeito da aparência de uma "edipianização" da leitura do texto. A esse respeito, o autor alerta:

> Eu jamais quis dizer, com "angústia de influência", uma freudiana rivalidade edipiana, apesar de um ou dois floreios retóricos neste livro. [...] Qualquer leitor capaz deste livro verá que influência-angústia não se refere tanto aos precursores quanto é uma angústia realizada no e pelo conto, romance, peça, poema ou ensaio. [...] "Influência" é uma metáfora, que implica uma matriz de relacionamentos – imagísticos, temporais, espirituais, psicológicos – todos em última análise de natureza defensiva (Bloom, [1973] 2002, p. 23).

A angústia de influência e o complexo de Édipo

Winnicott, apesar do que diziam seus detratores (Rodman, 2003), não era um poeta; talvez o leitor sinta que a

15 Seu livro, apesar do pessimismo, não é uma profecia do apocalipse. Seu pano de fundo sempre foi a crítica literária e a "conversa de surdo e mudo" em que ela havia se tornado a seus olhos. Considerando que a crítica estava se perdendo em ressentimentos e críticas "culturalistas" que lhe pareciam vazias, Bloom estabelece a história da poesia moderna como um longo abismo, a partir do que supõe poder avaliar os trabalhos dos autores com maiores ganhos para a crítica. Não tratarei da "tipologia" que Bloom propõe para considerar os vários níveis e formas de atuação da influência na poesia porque não acredito que isso nos ajude no presente trabalho.

apresentação do trabalho de Bloom seja desnecessária, e o questionamento seria certamente legítimo. Optei por apresentar a hipótese central de Bloom, no entanto, porque ela estabelece a base para a problematização acerca da relação de Winnicott com a influência nos termos da angústia, e foi necessário estender-me no trabalho de Bloom porque o próprio Winnicott *nega* a angústia, sendo que ela nunca aparece positivada por ele mesmo.

Tal como Bloom afirma na citação apresentada, não se trata de considerar a relação efetiva do autor com seus predecessores, mas, sim, de atentar para sua realização no e pelo texto. A angústia de influência não é uma "freudiana rivalidade edipiana", se com isso se quiser compreender que uma coisa se reduz à outra e que a relação de influência é uma "montagem da cena" edipiana, "Laio e Édipo na encruzilhada" *per se*. Entretanto, parece-me justo considerar com Winnicott que as problemáticas supostamente "superadas" do desenvolvimento emocional são retomadas a cada momento decisivo; por isso, mesmo que não se considere a influência uma "atualização" do Édipo, as várias referências de Bloom ao Édipo no livro parecem mais do que um mero "floreio retórico".

Seguindo as ideias de Bloom, compreendemos que o autor, ao se propor a escrever um texto, encontra-se diante de um dilema: por um lado, ele se inspira em predecessores para construir e sustentar seu trabalho, enquanto, por outro lado, propõe-se a acessar a Beleza e a Inspiração de forma imediata, e por isso se vê, ao mesmo tempo, impelido e impedido pelo predecessor. O autor pode desenvolver em si uma relação com o Belo, à sombra e guarida do predecessor, mas, no momento em que se propõe a expressar a grandeza daquilo que nele se desenvolveu, percebe que está bloqueado pela sombra oferecida pelo predecessor, já que ele agora busca um lugar ao sol. Acredito que, partindo do pressuposto de que o dilema influência-autorização *atualiza elementos* do complexo edípico, podemos valer-nos das considerações acerca da problemática edípica para desenvolver a problematização desse dilema e poder, assim, melhor compreender Winnicott, o angustiado autor aqui em questão.

Ronald Britton (2003, p. 276), inspirado pela proposição de Bloom, situa o problema de forma clara:

> Penso que a ansiedade de publicação é universal e tem duas fontes: uma é o medo de rejeição por parte da audiência primária pretendida; a outra é o medo de recriminação por parte de colegas afiliados e do possível exílio do convívio com eles. [...] Penso que ela emana do medo da crítica por parte de terceiros que são encarados como plenos de autoridade e do medo de desfiliação de colegas a quem o autor sente a necessidade de ser afiliado.

Britton situa a problemática da ansiedade do autor em processo de publicação no contexto da legitimação; é nessa chave, inclusive, que ele aborda a ansiedade de publicação que percebe em Winnicott – no contexto da "vontade de reconhecimento" de Winnicott diante de Melanie Klein e de Anna Freud.

Além da dimensão da legitimação e do risco de exílio (ou castração), apontado por Britton na citação anterior, gostaria de evocar outra dimensão que me parece crucial para a compreensão do problema: a dimensão temporal, de "prioridade" – assumindo, portanto, a prioridade e a autoridade como as duas dimensões essenciais da ação de "constrangimento" da tradição sobre o autor. Como Conrad Stein (1988b, p. 70) belamente define:[16]

> Tomar o lugar que ele [predecessor] ocupa realmente não é abolir a diferença; e o desejo de expulsá-lo está aí apenas para sustentar uma ilusão: uma vez em seu lugar, nós o teríamos ocupado antes dele, como se pudéssemos nos tornar nosso próprio avô. Abolir a diferença seria ocupar ao mesmo tempo todos os lugares na linhagem, isto é, identificar-se com o próprio princípio desta linhagem. Assim, o engano [...] de realizar seu desejo e consequentemente abolir toda diferença toma a forma mais correta de uma transgressão da lei imposta pelo pai, lei que prescreve ao sujeito seu lugar na linhagem.

Se o autor "ansioso" pudesse ocupar todos os lugares na linhagem, concomitantemente, teria então todos os seus problemas resolvidos, todos os seus desejos satisfeitos: enquanto avô, poderia "ensinar ao pai uma lição" (autoridade) e estar, do ponto de vista genealógico, literalmente "acima" da problemática da influência (prioridade); sendo o próprio pai, já seria o autor, já teria dito aquilo que luta para conseguir dizer sem dizê-lo (autoridade) e teria sido, ele mesmo, autor da obra que almeja para si (prioridade); e estando em seu lugar, a partir da ocupação concomitante dos lugares todos, reservaria a si mesmo os louros das conquistas desejadas e da "vingança" desferida do lugar do avô, sem tolher-se satisfações e conquistas como o "pai" o faz na vida real. O autor em crise fantasia, ao assumir todos os lugares na linhagem, que se estivesse lá as coisas

16 Stein faz essa afirmação no contexto da influência do analista sobre o paciente; fiz as adaptações necessárias no texto (poucas) para ajustá-la ao contexto da influência do predecessor sobre o autor "ansioso".

teriam sido diferentes e as criações teriam sido tão boas *e* melhores do que efetivamente são. A ansiedade instaura a fantasia a partir da qual se consegue simultaneamente um lugar à sombra e um lugar ao sol – é-se, ao mesmo tempo, o líder/inovador e o renovador/salvador, o inventor do novo e o renovador do velho. Em resumo: o autor em angústia não almeja exatamente o lugar do antecessor, mas o lugar a partir do qual pode vingar-se do antecessor, antecedê-lo e, como sucessor dele, superá-lo – esse é o impossível desejo do autor em processo, inovar a tradição antes que ela fosse tradição, expressá-la plenamente como tradição e superá-la sem remorso, tudo ao mesmo tempo.

O autor, quando se propõe a escrever, tem de lidar com o desafio de associar um pensamento criativo a uma tradição existente, e tem de se haver com o fato de que *não tem* autorização para escrever – a comunidade a que almeja pertencimento se baseia no que já conhece: se ele propõe mudanças, foge às bases de pertencimento; se apenas repete o que já está dito, não está sendo um autor (mas, sim, um papagaio). Tal como os próprios Bloom e Britton afirmam, cada um à sua maneira, a angústia associada à autorização é universal e incontornável; como talvez diria Winnicott, o paradoxo da busca simultânea de um lugar à sombra e de um lugar ao sol deve ser tolerado e não pode ser resolvido. Em cada autor, esse paradoxo (essa angústia) se manifesta de uma forma específica e favorece a criação de um estilo peculiar, como se a problemática da influência produzisse no estudo da autorização um padrão fractal.[17]

17 Fractal é um objeto geométrico que pode ser dividido em partes, cada uma das quais semelhantes ao objeto original; em muitos casos, um fractal pode ser gerado por um padrão repetido.

Os dilemas apresentados, da forma como os compreendo, situam a problemática da autorização em termos das angústias edípicas – a prioridade e a autoridade do predecessor, o risco de exílio/castração e a interdição do acesso à Musa/Inspiração. Proponho que passemos, então, da "criança de Freud" ao "recém-nascido de Winnicott", tentando compreender – aproveitando as chaves e os elementos construídos até agora – como e se é possível considerar uma contribuição de Winnicott à problemática da influência e da autorização.

O papel do pai em Winnicott

Em seu trabalho, Winnicott não dá muita ênfase ao papel do pai na constituição do psiquismo ou na estruturação do sujeito. Essa particularidade já levou muitos a afirmarem que o que ele fazia não era psicanálise, ou que ele menosprezava essa dimensão da constituição psíquica.

Muitos se levantaram em defesa de Winnicott ao longo dos anos, e não me parece necessário retomar a discussão *tout court*; suponhamos que Winnicott se deteve em outro aspecto do desenvolvimento subjetivo e que essa ênfase teve papel decisivo em seu desenvolvimento teórico e em seu estilo clínico. Não sendo relativistas ou superficiais, podemos compreender que esse estilo e essa ênfase têm consequências para a estruturação do pensamento do autor, sem com isso considerar necessário julgá-lo "membro" ou não da psicanálise, devendo, ao mesmo tempo, estarmos atentos para as implicações da problemática abordada por Winnicott em relação ao campo da psicanálise como um todo. Considerando o papel do pai para a teorização da influência e da autorização a partir dos trabalhos de Bloom e Britton, é possível supor que a singularidade da abordagem de Winnicott pode sugerir nuances e ângulos diferentes para a abordagem do problema.

Clancier e Kalmanovitch ([1984] 1987) afirmam:

> Preocupado principalmente com pacientes psicóticos ou crianças muito novas, sua atenção foi atraída para os estágios pré-genitais; isso não impediu que enfatizasse o papel do pai desde o princípio ou que declarasse que se a mãe não tivesse um marido que a apoiasse, ou mesmo se não catexizasse o pai da criança, o desenvolvimento psíquico dessa criança seria prejudicado (p. 95, tradução minha).

As autoras fundem duas respostas à mesma questão. No começo da citação, afirmam que Winnicott não enfatizou o papel do pai em seus trabalhos por estar preocupado com subjetividades que chamavam a atenção para a dimensão pré-genital, implicitamente sugerindo que o papel do pai conforme é "cobrado" de Winnicott diz respeito ao desenvolvimento da sexualidade genital; ao final, afirmam que ele enfatiza, sim, o papel do pai, mas em relação à outra dimensão do papel paterno. No primeiro movimento, consideram que o papel do pai que os autores procuram e não encontram só vai surgir com os estágios genitais do desenvolvimento, e que, por preocupar-se com estágios mais precoces de desenvolvimento, Winnicott não se debruça sobre a questão; no movimento seguinte, afirmam que ele aborda, sim, o papel do pai – mas outro, não aquele esperado.

Outeiral e Celeri[18] admitem basicamente duas "funções paternas" no desenvolvimento inicial do bebê conforme

18 Embora hoje esteja claro para mim que Winnicott tem uma teorização consistente no que diz respeito ao papel do pai, esse ponto é pouco enfatizado e brevemente abordado na maior parte de sua obra. De fato, não sei se eu teria conseguido abordar o tema se não fosse pela sistematização oferecida pelos autores citados.

abordado por Winnicott: a primeira delas diz respeito à garantia das condições para a preocupação materna primária ou o "emolduramento" da unidade mãe-bebê, que é seguida – temporal e teoricamente – pela função paterna de ser a primeira pessoa inteiramente externa ao bebê com quem ele trava contato não traumático (quando tudo vai bem), participando como "coadjuvante privilegiado" no processo de desilusionamento do bebê. Quanto ao primeiro aspecto, afirmam: "O pai torna-se o agente protetor que libera a mãe para que esta se dedique ao bebê. Assim, ela é poupada da necessidade de voltar-se para fora para lidar com o mundo que a cerca no momento em que tanto deseja voltar-se para dentro" (Outeiral & Celeri, 2002, p. 763, 771-773).

A função paterna delineada por Winnicott poderia ser considerada "menor", "desprivilegiada", se fosse entendida simplesmente como "pôr o pão na mesa"; qualquer um que tenha acompanhado a etapa final de uma gestação e os primeiros momentos de um bebê na relação com sua mãe sabe, no entanto, que a "provisão ambiental" em causa aqui é muito mais complexa que isso. E a mãe que imerge nessa relação com o bebê precisa estar amparada psicológica e materialmente, posto que passará com o bebê por um processo que, desguarnecido, é um processo "patológico" – a mãe *não consegue garantir* sua sobrevivência ou a do bebê sozinha, em função de sua devoção ao processo pelo qual passam.

Há ainda outra dimensão da função paterna própria à teorização winnicottiana apontada por Outeiral e Celeri, que é o papel do pai como "primeira pessoa completamente não eu", e esse papel é bastante marcado no próprio processo por que passa o bebê, porque mesmo que "[...] a relação com a mãe assuma uma nova dimensão quando acaba a fusão, para o bebê e para a criança pequena a mãe ainda retém uma característica subjetiva, pois é parte de sua função estar disponível para uma volta ao estado de fusão sempre que o bebê precisar" (Outeiral & Celeri, 2002, p. 772).

A angústia de influência e o uso do objeto

À medida que abandonamos o momento da dependência absoluta e da indistinção entre eu e não eu, passamos a lidar com as complexidades e os paradoxos da relação de objeto conforme elaborada a partir de Winnicott. Ele propõe uma mudança no conceito psicanalítico de "princípio de realidade" quando afirma que a realidade é construída pelo sujeito, e que a possibilidade de que a realidade atue como frustração ou como parâmetro ou como imposição ao sujeito depende de sua *construção subjetiva* – por isso, afirmo que, se o pai aparece, nesse momento, como "primeiro objeto não eu", isso não é necessariamente tranquilo, e certamente está associado aos processos de construção subjetiva atravessados pelo bebê. E o bebê que percebe seu pai como um não eu, usando-o na constituição da realidade, está passando pela

> [...] coisa mais difícil, talvez, do desenvolvimento humano; ou a mais incômoda de todas as falhas iniciais que devem ser cuidadas, [...] a localização por parte do sujeito do objeto fora da área de controle onipotente; ou seja, a percepção pelo sujeito do objeto como um fenômeno externo (Winnicott, [1968b] 2010, p. 120, tradução minha).

Se de fato é disso que se trata, então esse papel do pai diz respeito à passagem, elaborada por Winnicott, de *relação de objeto* para o *uso de objeto*. Para ele, a psicanálise havia se dedicado bastante à questão das relações de objeto e tinha muito a dizer sobre o processo, mas havia muito pouco material disponível no que dizia respeito ao uso de objetos (Winnicott, [1968b] 2010, p. 115). Essa, na verdade, parece ter sido a pedra de tropeço *de Winnicott*: incrustar no pensamento psicanalítico, e no sujeito psicanalítico, e na relação do sujeito com o ambiente, a presença do ambiente e do favorecimento ambiental ("o que está no sujeito já esteve fora, e o que está fora já esteve lá, e o que é dentro também é fora", e o paradoxo deve ser aceito e não resolvido).

Considerando que a psicanálise havia proposto a abordagem do "espaço interno" das pessoas, e que os demais "saberes" procuravam compreender as pessoas a partir do "espaço externo", ele afirma: "[...] estou tentando chegar ao espaço entre esses extremos" (Winnicott, [1968b] 2010, p. 141) – desmontar extremos sempre que os visse parece ter sido uma das "missões" que Winnicott se atribuiu.

Atentos a isso, precisaríamos pôr sob suspeita nossa proposta de estudar a concepção winnicottiana sobre o papel do pai, e mesmo outra ideia de mudar nosso foco para o papel da mãe; e isso porque a contribuição mais tipicamente winnicottiana seria aquela que escapa a essa montagem estanque e mobiliza uma zona de indiscernibilidade entre as influências paterna e materna. Há um espaço potencial entre o espaço psíquico que chamamos de subjetividade e o que chamamos de objetividade, que é o que situamos fora de nós mesmos.

Se esse é o convite de Winnicott, talvez encontremos suas maiores contribuições à questão da autoria e da influência em outro lugar que não em sua problematização sobre a função paterna: talvez sua maior contribuição esteja na reversão do dilema do autor em um paradoxo e na proposta posterior de aceitação do paradoxo. Com isso, o dilema de estabelecer-se à sombra ou procurar um lugar ao sol passa a ser um paradoxo: o autor constrói seu lugar à sombra de seu predecessor, encontrando lá a porção de sol de que precisa, a partir do *uso* que faz de seu predecessor. O "tantinho de trabalho" que Freud tinha à sua frente está presente em *todos* os trabalhos de *todos* os outros psicanalistas, que se situam em sua prática à sombra fornecida por Freud *e* à luz das descobertas de Freud.

Seguindo o delineamento proposto por Winnicott para o uso de objeto, teríamos uma construção desse processo paradoxal de influência da seguinte maneira: o predecessor frustra o "autor ansioso" com sua existência independente-do-autor; o autor irado afirma "eu o destruí", e o predecessor está lá para receber a comunicação. "A partir daí o sujeito diz 'olá, objeto!, eu o destruí. Eu te amo. Você tem valor para mim por ter sobrevivido à minha destruição de você. Enquanto eu estou te amando, eu estou todo o tempo te destruindo em minha fantasia (inconsciente)'" (Winnicott, [1968b] 2010, p. 120-121).

Talvez a contribuição mais incisiva de Winnicott ao campo da influência e da autorização seja esta: sugerindo que todos os processos superados continuam em desenvolvimento conforme o sujeito segue sua vida, e afirmando que as linguagens específicas não são apropriadas, mas devem ser levadas em consideração, Winnicott imbrica a tradição na criação, e a criação na tradição, desmobilizando o sistema de autoassassínio que, ademais, estaria em operação nos jogos de influência. Talvez Clancier e Kalmanovitch estejam certas quando afirmam, como o fizeram no trecho citado, que Winnicott não enfatizou o papel do pai por ocupar-se de psicóticos e recém-nascidos; mais do que isso, todavia, ele não enfatiza o papel do pai conforme seria esperado de um psicanalista comportado, porque ele subverte a primazia do princípio de realidade e da frustração. Ele não nega o papel do pai, nem supera o papel do pai, nem aprofunda o papel do pai: ele impõe outro registro a se somar a todos aqueles já em operação na influência paterna (delineados no item "A angústia de influência e o complexo de Édipo"), e que incluem outras nuances e outras camadas à problemática. A questão do papel do pai no mapeamento dos jogos de influência não perde lugar a partir da discussão proposta por Winnicott: ela ganha ainda outro lugar, nessa tópica escheriana que Winnicott propõe.

Na compreensão de Winnicott, a possibilidade de se relacionar com objetos depende de conquistas anteriores: a possibilidade de existir, a possibilidade de existir no tempo, a possibilidade de separar o mundo "lá fora" do mundo "interior". Para ele, essas conquistas são construídas na relação inicial do bebê com a mãe, ao longo da qual não se pode falar em sujeito nem em objetos internos, e em meio à qual o mundo é primeiro onipotentemente criado e depois destruído para, só então, passar a existir como objeto. Winnicott embute uma dimensão de constituição entre o nascimento do bebê e o surgimento do aparelho psíquico, conforme abordado por Freud e por Klein; essa problemática trabalhada por ele poderia ser considerada um "especialismo", a "psicanálise para recém-nascidos", se ela não operasse retroativamente sobre o pensamento psicanalítico estabelecido. O papel do pai como castrador, como frustrador, como iniciador do sujeito na "mediocridade cotidiana" que seria a vida, tudo isso é certamente posto sob suspeita por Winnicott, na medida em que as funções de corte e limitação operadas pelo pai ganham matizes e contornos mais paradoxais.

Já sugeri antes que o *modus operandi* de Winnicott pode ser considerado uma forma de não violência. Nesse caso, sugiro que a não violência dele tem como reivindicação um lugar no sujeito para a criatividade não ressentida, assentada sobre uma relação de criação, cocriação e destruição do predecessor. O autor influente, em Winnicott, opera de modo bastante distinto daquele que Bloom havia sugerido. O fato de o pai (ou influente) continuar existindo, e oferecer sombra, e não desaparecer, deixa de ser exclusivamente um estrangulamento de espaço criativo – objetos inteiros e opacos são bons, nos diz Winnicott, porque eles podem ser odiados e ainda assim sobreviver para serem amados quando pudermos. Isso não aparece em lugar nenhuma na teorização de Bloom para a influência, e acaba fazendo falta visto que cria uma separação estanque e seca: os sufocados, que sucumbiram diante de uma figura excessivamente forte, e os assassinos, que superaram a influência e atravessaram seus autores de influência em direção à pura luz da Musa. A noção de uso do objeto e as nuances que ela oferece permitem entender como a influência obstrui, mas também impulsiona; angustia, mas também instiga; desafia, mas também acolhe.

Dizem que Winnicott decidiu se tornar médico quando quebrou a clavícula, para que "nunca mais dependesse de um médico" (Rodman, 2003; Kahr, 1996); podemos sugerir parodicamente que ele decidiu se tornar psicanalista para nunca mais depender de um pai (pai frustrador e castrador, que esteja claro).

Constantemente frisa-se que, para Winnicott, não existe originalidade se não a partir da tradição; o ponto curioso é que a própria tradição é criada: o criador cria o que existe, e só depois cria a partir do que existe. Como diz Brett Kahr:

"As teorias de Winnicott anunciam sua própria originalidade; elas parecem exigir do leitor que busque as origens desse pensamento não na tradição, mas, sim, em um criador – D. W. Winnicott" (Kahr, 1996, p. XXIV, tradução minha). Winnicott se assenta na tradição, mas é ele quem inventa a tradição que segue – talvez não seja à toa que ele seja considerado representante eminente da *Tradição Independente* na psicanálise britânica. A paralaxe que Winnicott impõe à problemática da influência diz respeito a uma mudança decisiva na instalação da angústia de autor: da angústia de autorização à angústia de autenticidade.

5
Um lugar para a verdade

"And it really doesn't matter if I'm wrong
I'm right
Where I belong I'm right
Where I belong."
(The Beatles, "Fixing a hole")

Silêncio, comunicação e encontro

O texto *Comunicação e falta de comunicação levando ao estudo de certos opostos*,[19] de Winnicott, apresentado pela primeira vez em 1962, começa como tantos outros de seus

19 A meu ver, traduzir "*not communicating*" por "falta de comunicação", nesse contexto, consiste em um grave erro, já que Winnicott trata justamente do direito de não comunicar, com o que a ausência de comunicação não configura falta de nada. Sugeriria simplesmente "comunicação e não comunicação". Aproveitando o ensejo, gostaria de compartilhar que considero a tradução existente de *O brincar e a realidade* para o português bastante ruim, e espero que haja oportunidade editorial e científica para que o livro seja mais bem traduzido no futuro.

textos: ele diz que "sua comunicação contém apenas uma ideia", "uma ideia bastante óbvia", e que "há uma considerável bibliografia sobre [o tema], mas não vou estudá-la ou apresentá-la aqui e agora" (Winnicott, 1962, citado por Goldman, 1993a, p. 25). A rigor, trata-se de mais uma aparição da "falha de temperamento" a que Winnicott se referira perante o Clube 1952, impedindo-o de articular o próprio pensamento ao dos colegas com quem dialoga e/ou em que se inspira – a não ser pelo contexto em que surge: nesse texto, Winnicott se debruça justamente sobre as formas como as pessoas se comunicam ou não com outras e como essas comunicações (ou não) se dão em termos da tessitura subjetiva envolvida.

Em resumo, a ideia é que há uma raiz não comunicável do sujeito e que parte do trabalho do analista consiste em oferecer e respeitar o espaço para a não comunicação no contexto do encontro, com o que se estabelecem as condições para o compartilhamento efetivo e o investimento criativo do paciente no espaço – condições para a habitação do espaço potencial e para o desenvolvimento da possibilidade de brincar. Essa ideia do texto se ancora em uma base mais fundamental e mais abrangente, que diz respeito à forma de operação dos opostos, e é nesse ponto que o texto de Winnicott é mais contundente e subversivo. No contexto da comunicação, Winnicott afirma que há dois opostos: 1. uma simples não comunicação; 2. uma não comunicação que pode ser ativa ou reativa. O que chama a atenção nesse elencamento (como em tantos outros de Winnicott[20]) é

20 Este elencamento ao menos não incorre na paródia borgeana de encerrar a lista com um último item "*et cetera*", como em *O destino do objeto transicional* (Winnicott, 2007 [1959]).

que, para falar grosseiramente, a conta não fecha: além de o item dois ser desdobrado em dois subitens, ao longo das páginas seguintes Winnicott fará uma série de remissões internas de um tipo de não comunicação a outra, de forma que as possibilidades de comunicação e não comunicação transcenderão em muito a sistematização simplista que ele oferece (além de a oposição não ser, como se poderia esperar, entre comunicar e não comunicar). Por trás da enganosa sistematização didática há duas discussões concomitantemente em andamento: quanto aos opostos e às polarizações, e quanto à natureza da comunicação entre o verdadeiro *self* e o não eu.

Em relação ao primeiro aspecto, Winnicott contesta a organização dicotômica de opostos em polaridades simples – além de morte, a vida tem como oposto possível a ausência de vitalidade; além da recusa da comunicação, a comunicação tem como oposto o resguardo da dimensão incomunicável do sujeito (o que não deixa de ser uma comunicação, do ponto de vista da experiência). Na apresentação dos opostos feita por Winnicott vemos, por exemplo, que não comparece a comunicação (itens 1 e 2 são formas de não comunicação) e o item 2 se desdobra posteriormente em função do desenvolvimento emocional do não comunicador envolvido. Acredito que essa problematização da oposição dicotômica se entrelaça intimamente à importância do paradoxo no pensamento de Winnicott: quando ele diz que não devemos perguntar ao bebê se ele criou o objeto ou se ele já estava lá, entra em causa, entre outras coisas, a impertinência da separação dicotômica simples, da mesma forma como ela é questionada nesse contexto. Em outra dimensão do mesmo problema, Winnicott também questionou a oposição Freud-Klein no contexto do lugar da verdade na Sociedade Britânica, favorecendo a criação de um espaço de indiscernibilidade intermediário, encarnado historicamente pela *Tradição Independente*. E foi usando essa mesma lógica que propusemos que a angústia de influência não precisa ser entendida como algo que ou esmaga ou é esmagado pelo autor em processo de autorização: há espaços intermediários e cruzamentos paradoxais entre os opostos. Mas, por ora, voltemos a Winnicott.

Além da complexificação do esquema dicotômico, Winnicott mobiliza a discussão para pôr em causa uma oposição que ele mesmo havia criado: aquela entre o verdadeiro e o falso *self*. O par de conceitos cunhado pelo autor foi muito discutido e muitas vezes criticado por favorecer certa moralização ou uma simplificação excessiva da teoria que os embasa – já que o primeiro impulso do leitor seria supor que o verdadeiro *self* é algo bom e positivo, enquanto o falso *self* é algo ruim e negativo. A despeito de si mesmo e de todas as problematizações que propôs, acredito que Winnicott tenha feito uma escolha ao cunhar os termos dessa forma e que haja, até certo ponto, investimento do próprio autor "pelo" verdadeiro *self* e "contra" o falso. Acho, mais do que isso, que a tal "falha de temperamento" que o impede de citar autores com quem dialoga ou em quem se inspira se articula com a "falha" consistente em cunhar termos com apelo moral pela autenticidade do verdadeiro si-mesmo e contra a falsidade da adaptação às demandas sociais.

O que estou afirmando, *grosso modo*, é que parece existir um desejo do autor favorecendo essa simplificação moralizante dos conceitos (verdadeiro e falso *self*) – e esse desejo se ligaria justamente à tal "falha de temperamento" que impede que Winnicott *amarre* seu pensamento com a tradição. No texto em questão, no entanto, ele parece mobilizar a questão em torno do verdadeiro e do falso *self* de forma mais refinada; a passagem que tenho em mente é a seguinte:

> Estou introduzindo a ideia de uma comunicação com objetos subjetivos e ao mesmo tempo de uma não comunicação ativa com aquilo que é objetivamente percebido pelo infante. Não parece haver dúvida que, a despeito de toda sua futilidade do ponto de vista do observador, a comunicação com objetos subjetivos carrega todo o senso de real. Por outro lado, tal comunicação com o mundo como ocorre a partir do falso *self* não é sentida como real; não é uma verdadeira comunicação porque não envolve o núcleo do *self*, aquilo que pode ser chamado de verdadeiro *self* (Winnicott, 1962, citado por Goldman, 1993a, p. 29-30).

Essa cisão a que Winnicott se refere está aí sendo considerada em termos de um sujeito que tenha sido submetido a falhas consideráveis no desenvolvimento emocional primitivo. A proposta de Winnicott, porém, é que há uma dimensão desse mecanismo em operação na pessoa saudável, que se expressa na possibilidade de o indivíduo se comunicar silenciosamente com seus objetos subjetivos; nos termos de Winnicott, "[...] há espaço para a ideia de que significativamente relacionar-se e comunicar-se se dá em silêncio" (Winnicott, 1962, citado por Goldman, 1993a, p. 30). O silêncio que se verifica na relação com o observador externo (no caso, o psicanalista) é uma dimensão necessária para uma comunicação construtiva e significativa, que é essa entre a pessoa e seus objetos subjetivos; o ponto é que essa "conversa interna" acontece justamente porque há um encontro não comunicativo "lá fora" favorecendo-a e permitindo-a (por exemplo, a pessoa consegue estar sozinha na presença do outro). A pessoa saudável consegue mobilizar um encontro e torná-lo improdutivo aos olhos do observador externo, sendo que essa improdutividade configura o estado de relaxamento a partir do qual se pode entrar em contato com uma dimensão verdadeira de si mesmo.

Nesse aspecto, como em outros de sua teorização, Winnicott põe sob suspeita uma oposição estável pelo concurso de um terceiro elemento, a partir do qual os opostos iniciais passam a comportar uma dimensão do oposto em si mesmos; por exemplo: considerando o espaço potencial e a forma como ele se processa, o espaço intrapsíquico passa a conter em si uma dimensão do ambiente, assim como o ambiente passa a ser considerado em articulação íntima com o psiquismo que o aborda (é o sujeito que "cria" o mundo, que, no entanto, é mundo; e o psiquismo é intimamente dependente do ambiente e das coisas sobre as quais ele pode investir seu potencial criativo). A mirada de Winnicott introduz um elemento de instabilidade na oposição, a partir do qual os opostos acabam tendo suas fronteiras "amolecidas".

A sombra de Winnicott

Quero chamar a atenção para uma extrapolação possível dessa discussão no contexto do lugar da autoridade. Sugeri que Winnicott desloca a calha por onde corre a angústia de influência no autor, transpondo-a da luta por autorização (contexto abordado por Bloom e Britton, como tratado antes) para a luta por autenticidade; a questão delicada nisso é que essa transposição não anula o lugar de autoridade como polo de destino do processo – sendo o "senhor de sua obra" ou sendo a "pessoa relaxadamente não integrada", o autor ainda repousa sobre um lugar de autoridade, um trono.

Dodi Goldman (1993a, p. 30) afirma: "[...] uma das formas de compreender a teoria de Winnicott é vê-la como parte de sua batalha para descobrir o que ele poderia sentir como real". Essa forma de mobilizar o pensamento parece ter tido consequências curiosas e (talvez não por acaso) paradoxais: enquanto legado, Winnicott parece ter favorecido tanto uma influência pulverizada e relativamente imperceptível por pedir o *uso* e não a repetição de suas ideias como, por outro lado, um culto à figura do autor em virtude da pessoalidade e da pouca sistematização de seu pensamento (o que acaba favorecendo a repetição e não o uso de suas ideias).[21]

A angústia de influência, conforme apresentada a partir de Harold Bloom, manifesta-se no autor em processo de autorização pela necessidade de ser autorizado por e ao mesmo tempo autorizar-se perante a tradição. Bloom sugere que assim se configura um dilema perante o qual o autor se debate sem perspectiva de resolução possível – o autor pode aceitar a castração e resignar-se ou acabar-se em um confronto invencível. A contribuição de Winnicott passa pela possibilidade de roubar o que se pensa, inventar o que está lá para ser inventado, encontrar a luz na sombra; há quem diga que Winnicott compõe uma figura quixotesca no cenário psicanalítico de seu tempo: contanto que não se precise optar pela versão de Quixote *ou* dos observadores externos, e contanto que se aceite o paradoxo de um louco ingênuo – que é um louco sagaz, que é um cavaleiro destemido e que é um herói sem causa –, considero a imagem justa.

21 Brett Kahr afirma, a respeito da segunda tendência: "Buscando uma linguagem 'viva' na teoria psicanalítica, tendo a necessidade de redesenhar e retrabalhar as teorias dos outros para apropriar-se delas, Winnicott rejeitou a repetição da terminologia alheia, procurando ao invés disso criar sua própria forma de nomear".

Marion Milner conta que uma vez Winnicott abriu uma aula dizendo a seus alunos: "O que quer que vocês peguem de mim, terão de retirar do caos" (Goldman, 1993a, p. 117). É uma afirmação curiosa – os professores no geral consideram uma de suas atribuições tornar suas comunicações compreensíveis. Em *Comunicação e falta de comunicação*, citado anteriormente, Winnicott diz que "[...] permitirá a si mesmo liberdade considerável para acompanhar seu tema onde quer que ele o conduza" (Winnicott, 1962, citado por Goldman, 1993a, p. 25) – ele fez isso ao longo de suas décadas de maturidade, e isso é bastante consistente com sua teorização.

A questão é: que tipo de consequências esse expediente da parte dele impõe para o legado que ele deixa no meio – será que aqueles influenciados por Winnicott terão a mesma liberdade usando as ideias dele que ele conquistou para si? Se "[...] os seguidores da Sra. Klein são todos filhos e netos [e] os seguidores da Srta. Freud foram todos à mesma escola" (Winnicott, [1987] 2005, p. 88, carta a Melanie Klein e Anna Freud publicada em *O gesto espontâneo*), como descrever os seguidores de Winnicott? Que imagem (ou imago) Winnicott favoreceu que se constituísse de si mesmo, que sombra ele lançou no seio da psicanálise pelos contornos de sua obra?

Ou seja: se essas considerações procedem e se a busca por autenticidade em Winnicott passa por aí, resta sabermos de que maneira ela se configura enquanto imagem de autor. Isso porque, como ressaltei no primeiro capítulo, o autor é a sombra que estabelece os contornos de uma obra, e é a figura do autor conforme evocada no leitor pelo texto que oferece consistência à concepção de obra que se estabelece na posteridade. Se Winnicott se estabeleceu enquanto autor e se ele configura para sua obra autoridade, isso se deve em parte[22] à sombra de si que conseguiu constituir, e o fato de ele paradoxalmente borrar os contornos da autoridade que consegue para si não implica, de forma alguma, que essa autoridade não exista. Acredito que haja uma organização imaginária bastante consistente para esse processo, organização que se amarra em torno de uma imagem veiculada na biografia consagrada para o autor; é sobre esse ponto que proponho a sequência da discussão.

Líderes e seguidores

Lembrando da comparação de Winnicott, que disse que os seguidores de Klein eram como filhos e netos, e os seguidores de Anna Freud alunos de uma mesma escola, questionei com que poderiam ser comparados os seguidores de Winnicott. Pois bem: antes de qualquer outra coisa, acredito que são seguidores de um líder empenhado em despistá-los, como crianças brincando de "siga o mestre"; seguidores de um mestre que contorna postes, passa por baixo de mesas e faz piruetas para que não o sigam (apesar de estar aparentemente adorando a brincadeira). Além disso, acho que seguem alguém difícil de seguir: tudo indica que Winnicott não valorizava tanto suas ideias quanto a forma como *ele* as tinha e as empenhava. Uma colega de trabalho dele no Paddington Green Hospital disse que sentia que "[...] era como se ele achasse que um punhado de Winnicott valia um quilo

22 É claro que é importante considerar também a eficiência, a pertinência e a riqueza das ideias que veicula, bem como o trabalho de outros autores antes, durante e depois de sua vida que igualmente trabalharam sob a sombra de Freud.

de psicoterapia pedestre" (Goldman, 1993b, p. XIX), e penso que isso se aplica mesmo à sua relação com suas ideias. No geral, parece-me que Winnicott vivia intensamente e acreditava muito na singularidade de sua experiência; o ponto mais curioso nisso é que ele parecia amar mais a *si mesmo* do que a suas ideias.[23]

Mas acredito que haja uma imagem mais clara e simples para definir a relação de Winnicott com seus seguidores. Retomando a brincadeira que ele mesmo propõe: se os discípulos de Klein são filhos e netos de uma família, e os de Anna Freud foram à mesma escola, os de Winnicott se inspiram – essa é a imagem que proponho – num mesmo líder protestante. A grande dificuldade aqui é que as imagens que Winnicott propôs para os seguidores de Klein e Anna Freud "engancham" de maneira um tanto sarcástica na teorização delas, e certamente não quero propor que Winnicott incutia à sua teorização um tom religioso (embora, considerando a religiosidade em seus matizes mais ascéticos, a proposição não seja de todo descabida). No entanto, para dar continuidade à brincadeira também nesse nível, teríamos que imaginar que os seguidores de Winnicott seguiam um líder protestante que valorizava o processo de pensamento independente acima da própria convicção religiosa; para

23 Diferentemente de Freud, por exemplo (e até onde tenho notícias – Freud, como Winnicott, morreu antes de eu nascer e também não o conheci pessoalmente). Freud, destinado pelos pais a ser o gênio da família desde pequeno, tinha por principal *hobby* caminhar com os colegas de profissão catando trufas e cogumelos; afora as viagens semestrais, costumava trabalhar cerca de 14 horas diárias, 6 dias na semana, e era assustadoramente metódico. Winnicott, de sua parte, gostava de tocar e ouvir música, de dançar, de jogar, de praticar esportes – não gostava muito, por outro lado, de filosofia, livros eruditos e não prezava muito a intelectualidade. Teria sido um médico rural não fosse a psicanálise, e teria sido um psicanalista local não fosse o cosmopolitismo e afã editorial de Masud Khan.

condensá-lo em uma imagem, teríamos algo como um profeta revolucionário, como Antonio Conselheiro... ou como Jesus Cristo.[24] É importante ressaltar que a independência de pensamento que profetas revolucionários como Jesus Cristo e Antonio Conselheiro valorizam diz respeito à ortodoxia e ao *status quo* porque, em outro nível, esses mesmos profetas valorizam justamente o apaixonamento inquestionado, a identificação – e é nesse ponto que entra a dimensão *protestante*, e paradoxal, da revolução para Winnicott.

É possível que, a esta altura, toda essa discussão pareça preciosista, se não simplesmente desnecessária – afinal de contas, o que esse devaneio sobre o caráter protestante da liderança de Winnicott como autor tem a ver com autenticidade? Acredito que tenha muito a ver. A ideia, no entanto, não é reduzir a obra de Winnicott ao estatuto de uma dogmatização religiosa – emprestando o rigor metodológico de Weber (que entendia de protestantismo como poucos, diga-se de passagem), eu diria que

> [...] procederemos tão só de modo a examinar de perto se, e em quais pontos, podemos reconhecer determinadas "afinidades eletivas" entre certas formas de fé religiosa e certas formas de ética profissional [no nosso caso a fé religiosa de Winnicott e a ética subjacente a sua autoria]. Por esse meio e

24 Percebo agora que antes, nesse mesmo texto, na *Introdução* (item *Por que Winnicott?*), usei as mesmas imagens, diferenciando, no entanto, Jesus Cristo de um profeta – como se ele não o fosse. Sobre a aproximação, Robert Rodman se refere a essa "identificação" diversas vezes em seu livro (Rodman, 2003), contando inclusive um episódio em que Winnicott teria confeccionado ao longo de uma sessão com Marion Milner uma figura de Cristo na cruz feita de palitos de dente, que talvez não por acaso esqueceu ao alcance da própria Milner. O poema de tom autobiográfico *The Tree*, escrito por Winnicott, também faz diversas referências a Cristo. Infelizmente não terei oportunidade de abordar mais a fundo esse ponto no presente trabalho.

> de uma vez só serão elucidados, na medida do possível, o modo e a direção geral do efeito que, em virtude de tais afinidades eletivas, o movimento religioso exerceu sobre o desenvolvimento da cultura material (Weber, [1904-1905] 2004, p. 83).

A maior diferença, em vista da particularidade deste estudo, é que o interesse aqui recai principalmente sobre uma figura de autoridade que emana de uma ascendência religiosa. Por isso situamos nosso argumento acerca da autenticidade de Winnicott na zona de convergência entre a irônica análise winnicottiana da autoridade exercida pelas "dogmáticas" Anna Freud e Melanie Klein (considerando que ele certamente tem um papel nessa polêmica) e a metodologicamente precisa análise (como citada anteriormente) das afinidades eletivas entre uma orientação religiosa e seus correlatos nos termos da ética profissional e cultura material.

Ou seja: suponho que haja uma infraestrutura que sustenta a emanação de autoridade a partir de determinado autor; essa infraestrutura, no entanto, apresenta-se diferentemente em cada autor – na relação de autoridade de Klein com seus filhos e netos, de Anna Freud com os alunos da escola, de Winnicott com os seguidores da doutrina.

Nesse momento, estamos estudando a forma como a autoridade de Winnicott se configura, e para isso o trabalho de Weber – *A ética protestante e o espírito do capitalismo* – apresenta uma clareza metodológica exemplar. Weber não quer demonstrar que o espírito do capitalismo é fruto da ética protestante; também não quer mostrar que é a semente da mesma ética. O trabalho de Weber, que muitas vezes anunciava ser o início de um longo trabalho analítico, mostrou-se esclarecedor até onde o esclarecimento pode ir – algumas questões não podem e talvez não devam ser resolvidas à sua exaustão.

Pois bem, algo similar se passa com a influência da ética protestante sobre a autoridade de Winnicott: as causalidades não são plenamente determináveis, e sucede uma espécie de germinação recíproca entre a ética protestante e o "espírito do psicanalista" – espírito do psicanalista, no caso, como a imagem do autor, essa que se insinua sob o texto, costurando a obra, conferindo à posteridade uma autoridade na qual se fiar.

É claro que nenhum autor tem pleno domínio sobre a imagem de si que vai oferecer aos leitores, nem à forma como seu trabalho será apropriado pelas instituições em que se imiscui e pela influência que exerce; mas, como já disse muitas vezes, a questão não está em "psicanalisar" Winnicott a partir da análise da obra – o que se oferece à análise aqui é a *sombra* de Winnicott como autor, como função-autor; e essa função, como bem sabemos, cruza elementos biográficos, teóricos, políticos, retóricos. O winnicottismo (como forma de operação em psicanálise) bebe dos textos de Winnicott *e da forma como esses textos e a citação desses textos impactaram e impactam no meio* – e é aí, nessa estratégia da citação, que a análise das imagos de influência traz maior consequência e pertinência para a psicanálise (para além do winnicottismo, posto que a mesma operação se dá, certamente, entre kleinianos, lacanianos e por aí vai). É com essa problemática em mente que proponho que avancemos em nossa análise da autorização e da influência em Winnicott.

6
Um lugar para si

"Segue o teu destino,
Rega as tuas plantas,
Ama as tuas rosas.
O resto é a sombra
De árvores alheias.

Suave é viver só.
Grande e nobre é sempre
Viver simplesmente.
Deixa a dor nas aras
como ex-voto aos deuses."

(Ricardo Reis, "Segue o teu destino")

Cenas primordiais

Não sou sociólogo, e a leitura que faço do livro de Weber é certamente limitada nesse aspecto; pude perceber, apesar disso, um elemento organizador em seu argumento: há uma "base dura" do que ele considera ética protestante que se apresenta na compreensão por Calvino da ascese, e as diversas seitas e igrejas são como que deturpações no "plano das coisas" do que essa ascese apresenta como "plano das ideias". Apresentar o argumento de Weber aqui escaparia imensamente aos propósitos da discussão, e nem pretendo me aproximar do argumento de Weber no que tange ao capitalismo. O que vale frisar é que há uma valorização ascética das práticas terrenas, paradoxalmente, pela afirmação da incomunicabilidade entre o mundo terreno e o sagrado: Deus é insondável, e tudo que podemos fazer é saber que nosso julgamento é irrelevante aos olhos de Sua grandeza. Os grupos protestantes percorrerão caminhos distintos para fundamentar o valor ascético das práticas terrenas; o que os une é o fato de *desautorizarem*, todos eles, os estamentos e as figuras de autoridade perante Deus, abolindo essa *mediação estanque* entre Deus e a Terra que a hierarquia católica apresentava – talvez justamente por isso as compreensões da natureza da mediação serão tão numerosas e distintas entre os protestantes: tendo protestado contra a ortodoxia e a iconofilia, o saber sobre as origens e os "interiores" fica certamente mais nebuloso.[25]

A apresentação que estou propondo aqui se baseia em uma "subversão de autoridade" sediada em Calvino (e sei que a história é sempre mais complexa do que as compreensões esquemáticas que dela fazemos): Calvino aparece como a figura de autoridade que põe a autoridade estabelecida sob suspeita, e é nessa "cena primordial" que se funda o funcionamento da ética protestante conforme apresentada por Weber.

25 Remeto o leitor ao livro de Weber (1904-1905) para aprofundamento do argumento e mesmo para avaliar a pertinência da aproximação que sugiro aqui.

Queria, eu também, propor uma discussão baseada em uma "cena primordial". A cena com a qual pretendo trabalhar é a seguinte:

> Um dia, voltando da igreja para casa com seu pai, o jovem Donald Winnicott perguntou a seu pai algumas coisas sobre religião. Frederick Winnicott respondeu: "escute, filho: leia a Bíblia, o que você encontrar lá, e decida para você mesmo o que você quer, sabe? É livre. Você não tem que acreditar no que eu penso. Forme suas próprias opiniões a respeito; apenas leia a Bíblia" (Kahr, 1996, p. 9).

Gostaria de sugerir ao leitor que tratasse esse relato como o relato de um sonho. Parece-me que essa cena condensa, em alguma medida, os elementos envolvidos na influência e na autorização em torno da imagem-autor de Winnicott que estivemos desenvolvendo até aqui. Como todo sonho, à primeira vista ele certamente parecerá arbitrário demais, conciso demais para organizar tanto material, impressão que – ao menos em minha experiência clínica ouvindo sonhos – fica para trás à medida que o sonho pode ser compartilhado e vivenciado em termos de uma experiência que suscita material e, à medida que os suscita, organiza-os.

A cena é bastante simples; seria uma cena corriqueira, talvez até inconsequente, não fosse por Winnicott ter sido uma figura de *liderança* no grupo que se convencionou chamar *Tradição Independente*; não fosse por Winnicott quase nunca citar Freud; não fosse seu pai ter sido pastor protestante, e uma figura importante em sua cidade, e ausente no lar; não fosse a reiteração incansável por Donald, já adulto, de que era iconoclasta e claustrófobo, que não queria seguidores, que gostaria que cada um usasse seus textos como pudesse e quisesse; não fosse sua "falha de temperamento" que fazia omitir suas fontes e apresentar suas ideias de "sua própria maneira".

O pai de Winnicott, Frederick, era pastor em uma comunidade protestante; ele mesmo era, portanto, "líder" de uma comunidade que prezava acima de tudo a independência de pensamento e a forma por meio da qual cada um atinge a própria verdade sagrada. Quando responde ao filho indicando que procure a verdade em sua própria leitura da Bíblia, ele está, de alguma forma, pregando – assim como Donald poderia ser considerado como alguém pregando quando diz a Harry Guntrip, que foi seu paciente, que supunha que seus leitores tinham seu Freud (sua Bíblia) lido. É razoável supor, no entanto, que o que o pequeno Donald procurava não era exatamente ilustração teológica, mas atenção e algum carinho da parte do pai sempre tão ocupado com os ofícios comunitários e profissionais; esse elemento subsidiário confere à cena, que no geral tem um colorido bastante idílico, certo tom dramático, talvez mesmo traumático. Podemos ver, nesse sentido, um filho tentando entabular uma conversa animada com o pai se interessando por sua profissão, ao que o pai responde "não sei, filho, vá ler e encontre suas respostas".

Masud Khan disse certa vez que Winnicott era um "protestante por natureza"; creio que não exista uma *natureza* protestante – o máximo que pode acontecer a alguém (e que creio ter acontecido a Winnicott) é ter sido criado *radicalmente* protestante, radicalmente fundado na ética protestante. A raiz protestante de Winnicott se faz notar de forma mais acentuada em sua posição de "iconoclasta e claustrófobo" dentro da instituição psicanalítica (protestantes são certamente "iconoclastas e claustrófobos" na instituição católica), em sua valorização dos processos singulares de acesso à verdade (a leitura singular e individual da Bíblia como único caminho para a iluminação), no respeito ao processo do paciente em detrimento de eventuais *insights* sofisticados do analista, no discurso de recusa do lugar de enunciação da verdade. O que estive chamando ao longo do texto de "revolução não violenta" de Winnicott no contexto da psicanálise talvez possa ser compreendido, à luz dessas discussões, como uma *reforma protestante* no seio da Sociedade Britânica de Psicanálise, com grandes repercussões para a história da psicanálise como um todo. É fácil ver também, nesse contexto, um matiz protestante na recusa de idolatria aos "papas" da história da psicanálise como uma tendência (em alguns grupos) da psicanálise contemporânea, e o consequente questionamento das "igrejas" em torno dos grandes autores: incluindo aí Melanie Klein, Lacan, Bion e o próprio Winnicott. Freud, vale notar, continua e continuará sempre como um busto de bronze inabalável no coração totêmico da psicanálise, mesmo entre estes psicanalistas contemporâneos "pós-Reforma".

Na cena, o pai de Winnicott diz que ele poderia ficar à vontade para formar sua opinião, porque "é livre"; Kahr, autor do livro que relata a cena, se baseia em uma entrevista cedida por Clare Winnicott a Michael Neve em 1983, e, em se tratando da transcrição de uma entrevista da esposa de Winnicott, não há muito sentido em apego excessivo a minúcias. De qualquer forma, há um aspecto muito rico nessa passagem, que é a reiteração pelo pai de Winnicott quanto à liberdade do pequeno Donald para pesquisar e pensar como quisesse, porque *it's free*: é livre... e é grátis. Acho importante frisar que Winnicott parecia *querer* que o pai desse uma resposta, não pela resposta em si, mas pela atenção, e pelo carinho, e por ter um pai que é uma figura admirável, uma referência, alguém que fala a ele com interesse no que diz. A cena remete a isso, e creio que é um elemento decisivo, porque instala um contorno importante no personagem-autor-Donald, conforme aparece na cena: temos alguém que quer uma referência, quer um pai, dirige-se a esse desejo e encontra um convite à liberdade de pensamento e ao direito de ter as próprias ideias. Se pensarmos na relação de Winnicott com a autenticidade nesse contexto, podemos supor que ele investe a liberdade de pensamento e a criatividade do sujeito quase como o autor em Bloom ou em Britton investe o predecessor (o Pai poético, nos termos de Bloom); a liberdade em Winnicott ocupa o lugar de autoridade – a pessoa *tem que* formar suas próprias opiniões a respeito das coisas.[26]

Voltemos a Weber. O papel que ele atribui ao protestantismo consiste na desvinculação da salvação a processos purgativos sacramentais – não haveria um caminho predeterminado para a salvação da alma e para a remissão dos pecados, e o fiel da balança seria pura e simplesmente o desígnio divino, que é imperscrutável olhando "do lado de cá"; a cena que isso monta no contexto religioso é o desinvestimento dos rituais de autoridade estabelecidos – desde a autoridade papal até os sacramentos e o culto às imagens sagradas – em benefício do investimento na certeza íntima da graça, que em princípio não encontra confirmações ou reforços "internos" (vindos "de Deus") ou "externos" (vindos da própria vida terrena ou dos confrades e pastores). Acredito que seja relativamente fácil perceber os paralelos

26 E com isso é certo que aproximamos conceitualmente o espaço entre a liberdade e a submissão com toda a complexidade e paradoxalidade propostos por Winnicott em torno da comunicação e não comunicação.

que estou sugerindo entre o papel da “cena primordial” em que Weber situa Calvino e a “cena primordial” em que estou situando Winnicott.

Para além de Winnicott: reiterando um posicionamento

Não gostaria de passar a impressão de que entendo Winnicott como um “grande revolucionário” ou como um “divisor de águas” na história da psicanálise – se essa impressão é favorecida em algumas passagens do trabalho (e eu mesmo as reconheço por vezes), creio que isso se deve principalmente ao enfoque no objeto que é necessário a qualquer trabalho com circunscrição e propósito. Winnicott é obviamente um divisor de águas na história da psicanálise conforme entendida a partir das influências de sua obra – o foco do trabalho é na relevância dele, e por isso a relevância dele é maximizada, porque é dela que se trata. Recorrendo mais uma vez à clareza metodológica de Weber:

> Juízos sobre a essencialidade de um fenômeno histórico, ou são juízos de valor, ou são juízos de fé – notadamente quando se tem em mente aquilo que nele por si só “tem interesse” ou que por si só “tem valor” duradouro. Ou quando se tem em mente sua significação *causal* em virtude de sua influência sobre outros processos: trata-se então de juízos de imputação histórica (Weber, [1904-1905] 2004, p. 90).

A suposta primazia do papel de Winnicott para a história posterior da psicanálise neste trabalho se deve, no meu entendimento, a um ruído necessário produzido pela própria natureza do trabalho. Winnicott certamente mudou o panorama da psicanálise, e certamente foi um dos muitos divisores de águas nessa disciplina tão centrada na genialidade dos autores individuais – acho importante, no entanto, que os estudos focados em cada um deles não inflacionem além do necessário a grandeza daquele autor. Se a história da psicanálise ocupasse uma sala de museu, os bustos de bronze seriam muitos: enquanto cada historiador da psicanálise quiser que o autor, que é seu objeto privilegiado de estudo, ocupe um lugar central, a história da psicanálise certamente será campo de muita discórdia e pouco debate pertinente. Optei por enfatizar, ao longo do trabalho, um ponto específico relacionado à autoria e à influência em Winnicott: a centralidade do paradoxo nesse aspecto de seu pensamento, de forma que a autoridade continua central e operante na configuração da obra e do campo de influências, mas operando em outros campos que não na superfície "terrena" (a tinta no papel) da obra. A relação, que inicialmente pode parecer inconsistente, de Winnicott com o reconhecimento da autoridade e da dívida entre pares, e sua postura "desobediente" em relação à autoridade estabelecida parecem encontrar sua organização mais estável no tipo de relação de autoridade que o protestantismo construiu para si. Ainda outra vez: como não estou pensando na pessoa que um dia foi Donald Winnicott, não considero que isso o "culpe" ou "desculpe" por nada; trata-se apenas da tentativa de organização de uma *imagem de autor* na confluência dos jogos de dívida e graça, de influência e de autorização.

Nas considerações finais de seu trabalho, Weber afirma: "[...] não cabe evidentemente a intenção de substituir uma interpretação causal unilateralmente 'materialista' da cultura e da história por uma outra espiritualista, também ela unilateral" (Weber, [1904-1905] 2004, p. 167). Acho que seu "interlocutor" aí é o trabalho de Marx – "unilateralmente materialista" na apresentação do "espírito do capitalismo". Acredito que aqui seria pertinente discutir uma problemática similar, e nosso interlocutor seria Harold Bloom e toda a discussão "unilateralmente" focada na angústia de influência e em sua "metapsicologia" subjacente. Tentando fazer justiça aos trabalhos do autor com que estivemos lidando, optei por não estabilizar uma dicotomia em que a leitura "paternalista" de Harold Bloom se opusesse termo a termo à leitura focada na "ascendência da ética religiosa" que, ainda que sem citar a fonte, surgiu em mim a partir da leitura proposta por Derrida para a "ética" (acredito que ele rejeitaria o termo) freudiana em termos da penetração do judaísmo do pai e da "passagem" do judaísmo do pai ao filho.[27]

Há um último aspecto que eu gostaria de ressaltar em relação a essa problemática, à qual já fiz menção antes: o trabalho de Winnicott muda o estatuto aparente do pai no desenvolvimento emocional, mas isso não muda seu estatuto formativo; se o pai deixa de ser a pedra de tropeço do pensamento sobre o sujeito, o próprio enquadramento que dá as condições de possibilidade para a emergência de uma busca por autenticidade continua amplamente dependente do pai. Esse deslocamento aparece na própria cena: Donald se dirige a um pai em busca de respostas, e essa remissão *continua operante* – o que acontece é que o pai, de seu lugar de autoridade, autoriza e incentiva o filho a buscar

27 A referência é ao livro *Mal de arquivo: uma impressão freudiana* (2001), em que Derrida faz menção à dedicatória que o pai de Freud escreve para o filho na Bíblia que deu a ele, na ocasião de seu trigésimo quinto aniversário em 1891. Retornaremos a essa cena apresentada por Derrida no próximo subcapítulo.

uma verdade que será sua, porque estará resguardada pela observância emoldurante do pai. O próprio Winnicott (o filho, o psicanalista) virá a ocupar esse lugar depois em sua posição de autoridade na psicanálise – quando, por exemplo, tornar-se uma figura de *liderança* na *Tradição Independente*.

Winnicott e a *doxa* psicanalítica

Apresentei no item anterior a configuração de uma *imago* autoral de Winnicott em que este se oferece como profeta de uma busca singular, evadindo-se à oferta de respostas estanques, verdades que ele comunicaria de cima para baixo. Essa seria a função-influência de Winnicott, organizada em torno da cena primordial que relatei.

Cumpre agora, no entanto, complexificar e paradoxalizar ainda essa organização. Isso porque gostaria de propor que ao final de sua vida Winnicott mudou sua postura em relação a esse aspecto.

Se lermos a apresentação a seu último livro publicado em vida, *O brincar e a realidade*, veremos ali um autor convicto de uma contribuição singular, afirmativa e *sua* ao campo, que deveria ser perseguida e aprofundada por outros pesquisadores.

> Calhou que eu viesse a ser um psicanalista que, talvez por ter sido pediatra, tenha percebido a importância desse universal nas vidas de infantes e crianças, e que tenha desejado integrar essa observação com a teoria que estamos a todo momento desenvolvendo (Winnicott, [1968a] 2010, p. XVI).

Ainda que insinuando uma certa esquiva ("calhou que..., talvez por ter sido pediatra..."), temos aí um posicionamento claro, uma profissão de autoridade: ele, Winnicott, percebeu um universal. Ele já vinha se aproximando há alguns anos dessa posição. Robert Rodman, por exemplo, dando conta da forma como as cartas de Winnicott estavam arquivadas, conta que, desde 1951, Winnicott havia optado por arquivar uma cópia de cada carta que escrevia, tendo em vista o eventual interesse da posteridade nesses pequenos arquivos de sua vida intelectual. Rodman diz: "[...] talvez neste ponto [1951] ele tenha começado a perceber que algum dia um registro mais completo de sua correspondência poderia vir a ter interesse, para ele pelo menos, e possivelmente para outros" (Rodman citado por Winnicott, 2005, p. X). Mas essa percepção não redundou na assunção de um lugar de transmissão, embora possamos ver que, ainda que tarde, ele pôde eventualmente assumir a influência de sua obra, a singularidade de seu legado e a importância de sua contribuição, e me parece inegável que ele conheceu uma notável – e paradoxal, como não poderia deixar de ser – continuidade.

São notáveis, no entanto, a demora e a aparente relutância de Winnicott em aceitar ter sido, ele mesmo, representante de alguma forma de ortodoxia (ele indicou, no fim das contas, um caminho correto, uma doxa – mesmo que essa *doxa* fosse fundada em para*doxo*, o que só depõe a favor da nossa imagem do "siga o mestre" citada antes).

Podemos associar, em vista da discussão conduzida até aqui, dois componentes não complementares que lançam luz à relutância de Winnicott em assumir sua função de líder:

1. Já há algumas décadas (desde 1945, com certeza) Winnicott se afirmava como figura influente e relevante no cenário psicanalítico, e ele nunca pareceu ter medo ou dúvida quanto ao sucesso de sua carreira – o que ele não pareceu fazer, e isso quase até o fim

da vida, foi considerar que a carreira que ele seguiu poderia abrir caminho para outros, ou que havia algo a ser aprendido com ele.

2. Essa singularidade do caminho e a concorrência da certeza da graça com a negação da pregação são ambos plenamente inseridos na hipótese da ancoragem protestante do pensamento winnicottiano e da "amarração" que ofereci da *imago* de Winnicott em torno da cena primordial.

O estatuto que essa doxa assume no legado winnicottiano mantém suas peculiaridades, e por uma série de motivos: um que podemos considerar *retórico*, um que podemos considerar *político* e um terceiro que podemos considerar *ético*.

1. O que chamamos *retórico*, o mais evidente dentre eles, deriva da postura de Winnicott, que critica e recusa na maior parte de sua vida a posição de líder, com o que a própria marcação da doxa winnicottiana como território se torna foco de uma polêmica – tratamos disso em alguns pontos do trabalho. A partir daí podemos entender as particularidades das transferências a Winnicott, bastante distintas entre si e plurívocas justamente no ponto em que se considera que as leituras de Winnicott são tão numerosas e distintas entre si quanto o são os leitores, e as tão agudas diferenças regionais. É quase inevitável que aqueles que comentam Winnicott afirmem e insistam nas peculiaridades de suas leituras e que sustentem as idiossincrasias a despeito do custo que elas tenham – isso é consequente à própria teorização winnicottiana; a partir

daí, evidentemente, está aberto o caminho para que haja tanto leituras incrivelmente "criativas" (para o bem e para o mal) e para que os leitores de Winnicott se mantenham pulverizados e não configurem para si uma "igreja". Isso, que fique claro, não está sendo exposto aqui como problema, nem como virtude: é uma peculiaridade da influência da obra, consequente à maneira como ela lança sombra sobre o campo.

2. Na dimensão *política*, já salientei antes (*Cenas primordiais*) os contornos da "ética protestante" da relação de Winnicott com a instituição (no sentido de "pôr-se em pé", com base na etimologia, e no sentido de "monopólio de objeto", como apresentada pela psicologia institucional) do saber. No contexto da instituição psicanalítica, essa "ética"[28] winnicottiana teve um papel central, já que a normalização da formação e a rigidez das transferências e dos jogos de poder instituídos, à época, configuravam um impasse e um desserviço ao pensamento psicanalítico – a subversão do modelo "temente a Deus" mais clássico por Winnicott parece ter permitido, de alguma forma, a revitalização dos processos de pensamento criativo entre os membros e da própria instituição em um sentido mais amplo.

A forma como Winnicott lida com o saber psicanalítico e os dogmas em psicanálise diverge em muito do que era praxe

28 Estou usando aspas nos termos ética e ética protestante porque não creio que essas noções possam ser usadas como conceitos – são apenas organizadores da discussão sustentada até aqui, mas não creio que possamos afirmar que Winnicott funde e se funde, ao fim e ao cabo, em uma ética protestante.

até então;[29] se observarmos os relatos de Phyllis Grosskurth (1992) a respeito da relação de Freud com a psicanálise – sua criação, sua cria – podemos perceber que, em seu nascedouro, a psicanálise era regida por uma ética diferente no que concerne ao lugar do Saber/Pai. Freud não parecia ter muito pudor em relação ao fato de assumir (para os outros e para si) o lugar de pai da horda – preocupava-se, isso sim, com o futuro da psicanálise depois de sua morte, com os continuadores.

Em uma conferência, em 1994, quando a casa em que Freud morreu em Londres foi transformada em Museu Freud, Derrida fez uso de um pequeno arquivo, uma dedicatória do pai de Freud a este. Acredito que, posta no lugar de "cena primordial", a passagem seja esclarecedora do tipo de peculiaridade que tenho em mente. Consideremos, antes de mais nada, que a mensagem vem em hebraico, na folha de rosto da Bíblia – assim, na inscrição mesma da mensagem, temos uma primeira diferença radical: Winnicott lembra das palavras do pai, ditas informalmente na volta da igreja, e estas nos chegam por meio da esposa, ao passo que as palavras do pai de Freud vêm inscritas em hebraico no próprio Livro Sagrado. Acredito que já aí temos acesso a uma primeira dimensão da diferença: a mensagem em Freud é inscrita, o pai instaura seu lugar na dedicatória, no acesso ao Livro Sagrado, enquanto o pai de Winnicott evade-se ao lugar de autoridade com uma espécie de jogo de corpo, deixando como lugar do pai o convite à construção implicada de uma verdade própria.

29 Vale ressaltar, por outro lado, que seria apressado considerá-lo um "homem à frente de seu tempo" nesse aspecto – na mesma época, Lacan, do outro lado da Mancha, e Bion já punham em novos termos a relação do psicanalista com a ortodoxia; Fairbairn, por sua vez, questionava abertamente a prioridade de Freud (aparentando, por sua parte, sofrer de uma "angústia de influência" com contornos mais bloomianos).

A própria mensagem, a "cena" que a dedicatória monta, permite ver o aprofundamento dessa diferença:

> Filho que me é querido, Shelomoh. No sétimo ano dos dias de tua vida, o Espírito do Senhor começou a te agitar e Ele se dirigiu a ti: Vai, lê no meu livro, este que eu escrevo, e se abrirão para ti as fontes da inteligência, do saber e da sabedoria. Este é o livro dos livros onde os sábios mergulharam, onde os legisladores aprenderam o saber e o direito. Tu tiveste uma visão do Todo-Poderoso, tu escutaste e te esforçaste para fazer e voaste nas asas do Espírito. Desde então, o Livro ficou reservado, como os restos das mesas, numa arca a meus cuidados. Nesse dia, onde teus anos chegaram a cinco mais trinta, eu o recobri de uma nova capa e o chamei "jorrai, ó poços, cantai-o!" e dediquei-o a ti para que seja para ti um memorial, um lembrete da afeição de teu pai que te ama com um amor eterno (Derrida, 2001 [1994], p. 36).

Como se vê, a dedicatória e o próprio livro são a marca de um retorno: o presente é a mesma Bíblia que Freud recebera quando completara sete anos, à qual seu pai incorporara uma nova capa e a dedicatória. O pai, com seu gesto, inscreve-se e designa o lugar de seu filho, segundo no acesso a um livro que é testamento e memória da ancestralidade (e do pai).

A dedicatória data de 6 de maio de 1891. Em 23 de outubro de 1896, o pai de Freud viria a falecer; a morte do pai seria o motor movendo a autoanálise que funda a psicanálise. A partir de 1900, com a publicação d'*A interpretação dos sonhos*, Freud teria sua própria bíblia, dedicatória colossal a todos seus filhos e seguidores.[30]

30 Esse ponto é abordado magistralmente por John Forrester no capítulo "Dream Readers" de seu livro *Dispatches from the Freud wars* e em seu comentário a *A interpretação*

3. Mas retomemos à peculiaridade do lugar de Winnicott em relação à doxa psicanalítica – encaminhando-nos à terceira dimensão que, como disse, parece-me de caráter *ético*. Uma dimensão menos aparente da peculiaridade do lugar de Winnicott, mas que me parece primordial e fundadora, reside no pressuposto a que chegamos (se me permitem o paradoxo de um pressuposto a que se chega, e não do qual se parte) de que os processos de autorização e a constelação das angústias de influência são processos absolutamente singulares. Ronald Britton, em seu *Ansiedade de publicação*, fala de ansiedades e de um processo de autorização que iluminam o campo, mas que seguem sendo inexoravelmente dele. Harold Bloom se propõe a instalar um campo estável para a comparação de poetas, que seria justamente a forma como cada um constela as influências sob as quais se inscreve e como lida com as angústias decorrentes – e se seu trabalho é fundamental na instalação do campo, certamente é insuficiente para a compreensão da angústia de influência em qualquer autor, poeta ou não. As angústias de influência de Winnicott e a forma como ele se autoriza em vista do campo em que pleiteia inscrição (e onde certamente se inscreve como autor forte) são peculiares acima de tudo *porque não poderiam deixar de sê-lo*. Se há um ponto

dos sonhos (Forrester, 2009; Forrester, 1997a, p. 138-183). O parágrafo convoca uma discussão que escapa ao propósito desse texto, mas que espero que seja empreendida posteriormente em outro lugar, por mim mesmo ou por quem quer que seja – uma espécie de "cena primordial" de Freud, tendo a dedicatória citada como cena fundadora e a *interpretação dos sonhos* como uma espécie de repetição.

que valoriza esse aspecto ainda mais, este reside no fato de que a relação de Winnicott com o que supomos ser suas angústias de autorização cumprem um papel preponderante no delineamento mesmo de sua contribuição teórica ao campo.[31]

31 Digo isso porque suponho que haja autores que se conformam com sua posição e com o fato de serem posteriores e terem sombras menores do que seus antecessores, em relação aos quais um estudo fundado na autorização como o fiz em relação ao Winnicott seria de pouco ou nenhum valor, desmerecendo e "humilhando" o autor mais do que o entendendo. Bloom faz menção a isso em seu trabalho, caracterizando os "conformados" como poetas fracos – eu, particularmente, não vejo sentido em moralizar a discussão dessa forma, mas reconheço que um estudo da autorização faz sentido quando se aborda um autor fascinado pelos limites e pela busca de superá-los.

Considerações finais

"Espero que as notas apressadas que acabo de ditar não esgotem este livro e que seus sonhos sigam se ramificando na hospitaleira imaginação dos que agora o fecham."

(Jorge Luís Borges, *O livro de areia*)

O uso de Winnicott

Não gostaria que este livro fosse considerado um trabalho winnicottiano. É claro que Winnicott é o personagem central e o objeto das atenções principais ao longo do percurso; acredito, no entanto, que a questão principal desta obra seja a autorização em psicanálise, e a forma como as angústias de influência se delineiam em psicanálise.

Winnicott debateu-se ao longo de toda sua vida com as idolatrias e idealizações, afirmou ser um iconoclasta e um claustrófobo, e declarou repetidamente que não gostaria de ser mestre de uma escola. É curioso que, ao fim e ao cabo, ele tenha emergido como uma *figura de verdade* no campo psicanalítico e aberto o caminho para tantos trabalhos winnicottianos ou winnicottianamente inspirados. Digo curioso porque podemos compreender sem questionar que um autor com *desejo de influência* assuma um lugar de influência, mas certamente temos oportunidade para um questionamento posterior quando vemos um autor que tenta evadir-se ao lugar de influência assumir esse mesmo lugar, e com penetração quase proporcional à sua ojeriza (expressa) à tal influência.

É claro que todo autor quer que suas ideias exerçam influência – se não quisesse, não escreveria. O ponto, particularmente no caso de Winnicott, parece ser que ele queria que suas *ideias* fossem aproveitadas, mas não sua *imagem* enquanto autor das ideias; como ele mesmo "apagava" as imagens de influência de que se beneficiava, usando as ideias sem citar as fontes, ele parecia querer estimular que outros fizessem o mesmo, usando suas ideias e esquecendo que tenham um dia sido dele. Independentemente de esse ter sido efetivamente o *desejo* de Winnicott (que sabemos sobre os desejos dele?) ou apenas seu *lugar de autor*, a questão a que gostaria de me ater é que parece ser impossível, em psicanálise, evadir-se às influências autorais e a seu impacto sobre o presente.

Talvez o primeiro aspecto a chamar minha atenção para o trabalho de Winnicott alguns anos atrás tenha sido essa fulguração paradoxal de seu pensamento, aparentando simultaneamente complexidade e simplicidade, rusticidade e delicadeza de pensamento, liberdade e dogma. Quando apresento a figura de autor de Winnicott como o "mestre" na brincadeira de "siga o mestre", quero ressaltar essa *doxa* curiosa que é a *paradoxa*: em Winnicott, o paradoxo é um caminho a ser seguido, e a forma como esse caminho se apresenta é a de um caminho sem caminho, um caminho de muitos caminhos em que se perder é a melhor forma de se encontrar.

De maneiras diferentes, muitas pessoas já disseram que Winnicott não queria ser *entendido*, mas queria que *nos entendêssemos* e entendêssemos questões que fossem nossas a partir das ideias que ele veicula. É importante ressaltar, no entanto, que as ideias que ele apresenta se oferecem enquanto forma a partir da qual poderíamos nos reconhecer; por mais que ele quisesse que usássemos seu pensamento para nossos próprios processos, ele certamente delineia horizontes de pensamento coerentes e condizentes com o que ele estabelece - mesmo que a despeito de si mesmo - como caminhos à verdade. Ainda que por meio de paradoxos, Winnicott conseguiu afinal instalar-se como autor no campo psicanalítico de forma contundente, e creio que ao longo do processo ele tenha aberto algumas sendas para pensarmos o estatuto da influência e da autoridade no campo psicanalítico.

Como já disse outras vezes ao longo do texto, acredito que a discussão empreendida aqui, ainda que calcada no exame da imago e da autoria de Winnicott, me parece uma discussão acerca da política, da história e das filiações em psicanálise.

O leitor que fecha o livro

Masud Khan conta que certo dia foi procurar Winnicott, empolgado com um livro que queria sugerir que ele lesse (*Freud and the crisis of our culture*, de Lionel Trilling), ao que Winnicott respondeu:

> "Não adianta, Masud, me pedir para ler qualquer coisa! Se me cansar eu caio no sono no meio da primeira página, e se me interessar eu vou começar a reescrevê-la no fim daquela [mesma] primeira página". Claro que ele estava tirando sarro dele mesmo, e de mim mais ainda, e ele de fato tinha talento nisso. Mas ele também estava falando a verdade, e a verdade entre nós, humanos, acontece apenas através de metáfora ou paradoxo (Khan citado por Newman, 1995, p. 456).

Winnicott era claramente um homem muito inventivo; ao mesmo tempo, essa inventividade parecia assumir certo tom angustioso, quase como se ele não pudesse se submeter ou depender, como se a cada momento seus pensamentos tivessem de ser radicalmente seus. Essa imagem coincide com a imagem do Winnicott que escolheu cursar medicina para nunca mais depender de um médico, quando quebrou a clavícula na adolescência (Kahr, 1996; Phillips, [1988] 2007; Rodman, 2003); coincide com o Winnicott que dormia nas palestras (Goldman, 1993b; Clancier e Kalmanovitch, [1984] 1987); com o Winnicott quase indiferente ao "mundo lá fora" quando envolto em pensamentos (Goldman, 1993b). Coincide sobremaneira com a compreensão winnicottiana de que a intelectualidade pode funcionar como uma defesa, e com o Winnicott que tinha uma repulsa pessoal pelo intelectualismo erudito (Rodman, 2003).

Essa inventividade levada às últimas consequências parece ter uma dimensão defensiva; revela, ao mesmo tempo, a singularidade de um pensador capaz de habitar sua própria condição e retirar desta contribuições significativas para um campo de pensamento compartilhado. Mesmo que tenha dificultado as coisas para os psicanalistas em função de sua impossibilidade de *pegar emprestado* ou simplesmente fazer referência às ideias de outros autores, Winnicott pôde contribuir de forma decisiva para o pensamento psicanalítico compartilhado – e me parece que a denominada psicanálise transescolas ou a filiação à psicanálise em transferência nômade é profundamente dependente do tipo de lógica que Winnicott propõe. A impressão que se tem, retrospectivamente, é de que Winnicott adiciona um tom de Escher[32] ao edifício metapsicológico da psicanálise, permitindo que se transite entre autorias e formas de compreensão que seriam incomunicáveis não fosse a incorporação por Winnicott da lógica do paradoxo à psicanálise. E aí acredito que a dimensão defensiva do estilo winnicottiano levou-o a *criar um novo mundo para morar*: o mesmo Winnicott que tinha dificuldade para se deter no texto freudiano, que recusava o formalismo, que não conseguia fazer referências explícitas às influências em seu pensamento favoreceu a criação de uma forma de circulação em psicanálise em que as filiações perdem sua ascendência autoritária, em que as separações entre os edifícios metapsicológicos são desconstruídas com uma pitada de paradoxalidade e surrealismo.

Em *A angústia de influência*, Harold Bloom ([1973] 2002, p. 25) afirma que "[...] chegar atrasado, em termos culturais, jamais é aceitável para um grande escritor, embora Borges fizesse carreira explorando sua secundariedade". Podemos compreender a colocação de Bloom como uma referência aos textos de Borges sobre autores que o precederam – suas conferências sobre autores ingleses, seus prólogos e comentários. A parte que me parece mais significativa da obra de Borges, e certamente a parte que o imortalizou na literatura

32 M. C. Escher (1898-1972) foi um pintor cujas obras mais famosas se assentam na ambiguidade, no paradoxo e na ilusão.

ocidental moderna, não passa por aí: seus trabalhos efetivamente imortais são seus contos, e neles, segundo me consta, a afirmação de Bloom é igualmente precisa, mas *por outros motivos*. Se em seus contos Borges explora sua secundariedade – e me parece efetivamente que o faz –, ele a explora de modo muito similar à forma como Winnicott "explora" a tradição psicanalítica: quando ele faz referências diretas à tradição, elas no geral são diagonais ou obscuras; muitas vezes, são inventadas ou desencaminhadoras. A grande diferença entre a relação de Borges e de Winnicott com a influência talvez seja que Borges tinha orgulho e prazer em ser um erudito, e conciliava sua erudição com seu trabalho de criação; a tradição, conforme retratada por Borges, no entanto, assemelha-se a uma construção escheriana tanto quanto a metapsicologia a partir de Winnicott.[33] Se em Winnicott as inovações estão obscurecidas e os paradoxos devem ser tolerados e não resolvidos em todas as suas dimensões, em Borges, as construções mais notáveis da literatura erudita são fantásticas (inventadas), os autores posteriores são referência aos antecessores, as histórias se comunicam subterraneamente.

No epílogo de um de seus últimos livros, Borges afirma: "Espero que as notas apressadas que acabo de ditar não esgotem este livro e que seus sonhos continuem se ramificando na hospitaleira imaginação daqueles que agora o fecham" (Borges, [1975] 2009, p. 112). Goldman nos leva a

33 Tomando a influência do ponto de vista do "conjunto de mecanismos em última análise de natureza defensiva", o caso de Winnicott parece ser mais grave do que o de Borges, já que Borges aparentava tranquilidade em nomear influências e situar-se como retardatário. O que ambos parecem conjugar é a distorção paradoxal da influência enquanto filiação e enquanto submissão, no que chamei de "revolução não violenta".

crer que Winnicott compartilha a expectativa que Borges declara nessa citação. Segundo ele, "Winnicott preferiria que as pessoas transformassem criativamente suas ideias, usando-as para suas próprias necessidades, a que aderissem a elas como uma nova ortodoxia" (Goldman, 1993b, p. XII-XIII).

Talvez essa seja a grande convergência entre as propostas de Borges e de Winnicott: o estilo alusivo, paradoxal, escheriano convida o leitor a habitar o texto, depois de fechado o livro, para apropriar-se dele – desconstruí-lo enquanto coisa pronta, sonhá-lo a partir de seus impossíveis ângulos, criá-lo como coisa própria. As notas apressadas são só o começo; o autor convida o leitor, após o fim do livro e tendo-o já fechado, a ramificar os sonhos que o livro é: fechar o livro para sonhá-lo, para reescrevê-lo.

Referências

AB'SÁBER, T. A. M. Winnicott, seu Freud e a psicanálise. *Percurso*, São Paulo, n. 19, 2. sem. 1997.

ABRAM, J. *The language of Winnicott*: a dictionary and guide to understanding his work. New Jersey: Jason Aronson, 1996.

AGAMBEN, G. (1995). *Homo sacer*: o poder soberano e a vida nua 1. Belo Horizonte: UFMG, 2010.

ARAÚJO, T. W. *Tradição e originalidade no pensamento de Donald Winnicott*. Dissertação de Mestrado. Instituto de Psicologia da Universidade de São Paulo, 2005.

BARROS, M. (1996). Livro sobre nada. In: *Poesia completa*. São Paulo: Leya, 2010.

BARTHES, R. (1973). *O prazer do texto*. São Paulo: Perspectiva, 2010.

BEZERRA JR., B; ORTEGA, F. (Orgs.). *Winnicott e seus interlocutores*. Rio de Janeiro: Relume Dumará, 2007.

BLOOM, H. (1973). *Angústia de influência*: uma teoria da poesia. Rio de Janeiro: Imago, 2002.

BORGES, J. L. (1975). *O livro de areia*. São Paulo: Companhia das Letras, 2009.

BRITTON, R. Ansiedade de publicação. In: *Crença e imaginação*. Rio de Janeiro: Imago, 2003.

CASTRO, E. *Vocabulário de Foucault*. Belo Horizonte: Autêntica, 2009.

CLANCIER, A.; KALMANOVITCH, J. (1984). *Winnicott and paradox*: from birth to creation. New York: Tavistock Publications, 1987.

DERRIDA, J. (1994) *Mal de arquivo*: uma impressão freudiana.

Rio de Janeiro: Relume-Dumará, 2001.

DOSSE, F. (2005). *O desafio biográfico*: escrever uma vida. São Paulo: Edusp, 2009.

ELLENBERGER, H. *The discovery of the unconscious*: the history and evolution of dynamic psychiatry. Basic Books, 1970.

FERENCZI, S. (1910) Sobre a história do movimento psicanalítico. In: *Psicanálise I*. São Paulo: Martins Fontes, 1991.

FIGUEIREDO, L. C. A tradição ferencziana de Winnicott: apontamentos sobre regressão e regressão terapêutica. *Revista Brasileira de Psicanálise*, São Paulo, v. 36, n. 4, 2002.

__________. *As diversas faces do cuidar*: novos ensaios de psicanálise contemporânea. São Paulo: Escuta, 2009.

FORRESTER, J. *Dispatches from the Freud wars*: psychoanalysis and its passions. Londres: Harvard University Press, 1997a.

__________. *Truth games*: lies, money, and psychoanalysis. London: Harvard University Press, 1997b.

__________. *A interpretação dos sonhos*: a caixa-preta dos desejos. Rio de Janeiro: Civilização Brasileira, 2009.

FOUCAULT, M. (1970). *Ordem do discurso*. São Paulo: Loyola, 2004.

__________. (1969). O que é um autor? In: *Estética*: literatura e pintura, música e cinema. Rio de Janeiro: Forense Universitária, 2009. (Ditos e Escritos, v. III).

__________. (1972). *História da loucura*. São Paulo: Perspectiva, 2004.

FREUD, S. (1900). A interpretação dos sonhos. In: *Obras completas de Sigmund Freud*. Madri: Biblioteca Nueva, 1973a.

__________. (1910). Uma recordação infantil de Leonardo da Vinci. In: *Obras completas de Sigmund Freud*. Madri: Biblioteca Nueva, 1973b.

__________. (1937). Construções em análise. In: *Obras completas de Sigmund Freud*. Madri: Biblioteca Nueva, 1973c.

GOLDMAN, Dodi. *In one's bones*: the clinical genius of Winnicott. Pennsylvania: Jason Aronson, 1993a.

__________. *In search of the real*: the origins and originality of D. W. Winnicott. Pennsylvania: Jason Aronson, 1993b.

GRAÑA, R. B. *Origens de Winnicott*: ascendentes psicanalíticos e filosóficos de um pensamento original. São Paulo: Casa do Psicólogo, 2007.

GROSSKURTH, P. *O círculo secreto*: o círculo íntimo de Freud e a política da psicanálise. Rio de Janeiro: Imago, 1992.

GURFINKEL, D. O carretel e o cordão. *Percurso*, São Paulo, n. 17, 1996.

KAHR, B. *Winnicott*: a biographical portrait. Madison: International Universities Press, 1996.

KING, P.; STEINER, R. (Orgs.). (1991). *As controvérsias Freud-Klein 1941-1945*. Rio de Janeiro: Imago, 1998.

KUPERMANN, D. *Transferências cruzadas*: uma história da psicanálise e suas instituições. Rio de Janeiro: Revan, 1996.

__________. *Presença sensível*: cuidado e criação na clínica psicanalítica. Rio de Janeiro: Civilização Brasileira, 2008.

LIMA, R. A. *A categoria de poder na clínica psicanalítica*: entre Michel Foucault e Jacques Lacan. Dissertação (Mestrado em Psicologia) – Instituto de Psicologia, Universidade de São Paulo, São Paulo, 2012.

LOPARIC, Z. Winnicott: uma psicanálise não edipiana. *Revista Percurso*, São Paulo, v. 17, n. 2, 1996.

LOUREIRO, I. Sobre algumas disposições metodológicas de inspiração freudiana. In: QUEIROZ, E. F.; SILVA, A. R. R. (Orgs.). *Pesquisa em psicopatologia fundamental*. São Paulo: Escuta, 2002.

NEWMAN, A. *Non-compliance in Winnicott's words*: a companion to the work of D. W. Winnicott. New York: New York University Press, 1995.

OGDEN, T. (2001). Lendo Winnicott. *Revista Brasileira de Psicanálise*, São Paulo, v. 36, n. 4, 2002.

OUTEIRAL, J.; CELERI, E. H. R. V. A tradição freudiana de Winnicott: a situação edípica (e sobre o pai?). *Revista Brasileira de Psicanálise*, São Paulo, v. 36, n. 4, 2002.

PHILLIPS, A. (1988). *Winnicott*. Londres: Penguin, 2007.

PONTALIS, J.-B. (1977). *Entre o sonho e a dor*. Aparecida: Ideias e Letras, 2005.

RODMAN, R. *Winnicott*: life and work. Cambridge: Da Capo Press, 2003.

SEGAL, H. (1955). Uma concepção psicanalítica da estética. In: KLEIN, M.; HEIMANN,

P.; MONEY-KYRLE, R. E. (Orgs.). *Temas de psicanálise aplicada*. Rio de Janeiro: Zahar Editores, 1969.

STEIN, C. A paternidade da obra. In: *O psicanalista e seu ofício*. São Paulo: Escuta, 1988a.

__________. Uma conferência sobre a identificação com Freud. In: *O psicanalista e seu ofício*. São Paulo: Escuta, 1988b.

WEBER, M. (1904-1905). *A ética protestante e o espírito do capitalismo*. São Paulo: Companhia das Letras, 2004.

WINNICOTT, C. D. W. W.: uma reflexão. In: WINNICOTT, C.; SHEPHERD, R.; DAVIS, M. (Orgs.). *Explorações psicanalíticas*. Porto Alegre: Artmed, 2007.

WINNICOTT, D. W. (1947). *Collected papers*: through paediatrics to psychoanalysis. New York: Basic Books, 1975.

__________. (1988). *Natureza humana*. Rio de Janeiro: Imago, 1990.

__________. (1945). Desenvolvimento emocional primitivo. In: *Da pediatria à psicanálise*. Rio de Janeiro: Imago, 2000a.

__________. (1953). Objetos transicionais e fenômenos transicionais. In: *Da pediatria à psicanálise*. Rio de Janeiro: Imago, 2000b.

__________. (1947). O ódio na contratransferência. In: *Da pediatria à psicanálise*. Rio de Janeiro: Imago, 2000b.

__________. (1987). *O gesto espontâneo*. São Paulo, 2005.

__________. (1967). DWW sobre DWW. In: WINNICOTT, Clare; SHEPHERD, Ray; DAVIS, Madeleine (Orgs.). *Explorações psicanalíticas*. Porto Alegre: Artmed, 2007.

__________. (1959). O destino do objeto transicional. In: WINNICOTT, C.; SHEPHERD, R.; DAVIS, M. (Orgs.). *Explorações psicanalíticas*. Porto Alegre: Artmed, 2007.

__________. (1968a). Creativity and its origins. In: *Playing and reality*. Londres: Routledge Classics, 2010.

__________. (1968b). The use of an object and relating through identifications. In: *Playing and reality*. Londres: Routledge Classics, 2010.

ZARETSKY, E. *Secrets of the soul*: a social and cultural history of psychoanalysis. New York: Vintage Books, 2005.

Coleção Clínica Psicanalítica
Títulos publicados

Perversão
Flávio Carvalho Ferraz

Psicossomática
Rubens Marcelo Volich

Emergências psiquiátricas
Alexandra Sterian

Borderline
Mauro Hegenberg

Depressão
Daniel Delouya

Paranoia
Renata Udler Cromberg

Psicopatia
Sidney Kiyoshi Shine

Problemáticas da identidade sexual
José Carlos Garcia

Anomia
Marilucia Melo Meireles

Distúrbios do sono
Nayra Cesaro Penha Ganhito

Neurose traumática
Myriam Uchitel

Autismo
Ana Elizabeth Cavalcanti, Paulina Schmidtbauer Rocha

Esquizofrenia
Alexandra Sterian

Morte
Maria Elisa Pessoa Labaki

Cena incestuosa
Renata Udler Cromberg

Fobia
Aline Camargo Gurfinkel

Estresse
Maria Auxiliadora de A. C. Arantes, Maria José Femenias Vieira

Normopatia
Flávio Carvalho Ferraz

Hipocondria
Rubens Marcelo Volich

Epistemopatia
Daniel Delouya

Tatuagem e marcas corporais
Ana Costa

Corpo
Maria Helena Fernandes

Adoção
Gina Khafif Levinzon

Transtornos da excreção
Marcia Porto Ferreira

Psicoterapia breve
Mauro Hegenberg

Infertilidade e reprodução assistida
Marina Ribeiro

Histeria
Silvia Leonor Alonso, Mario Pablo Fuks

Ressentimento
Maria Rita Kehl

Demências
Delia Catullo Goldfarb

Violência
Maria Laurinda Ribeiro de Souza

Clínica da exclusão
Maria Cristina Poli

Disfunções sexuais
Cassandra Pereira França

Tempo e ato na perversão
Flávio Carvalho Ferraz

Transtornos alimentares
Maria Helena Fernandes

Psicoterapia de casal
Purificacion Barcia Gomes, Ieda Porchat

Consultas terapêuticas
Maria Ivone Accioly Lins

Neurose obsessiva
Rubia Delorenzo

Adolescência
Tiago Corbisier Matheus

Complexo de Édipo hoje?
Nora B. Susmanscky de Miguelez

Trama do olhar
Edilene Freire de Queiroz

Desafios para a técnica psicanalítica
José Carlos Garcia

Linguagens e pensamento
Nelson da Silva Junior

Término de análise
Yeda Alcide Saigh

Problemas de linguagem
Maria Laura Wey Märtz

Desamparo
Lucianne Sant'Anna de Menezes

Transexualidades
Paulo Roberto Ceccarelli

Narcisismo e vínculos
Lucía Barbero Fuks

Psicanálise da família
Belinda Mandelbaum

Clínica do trabalho
Soraya Rodrigues Martins

Transtornos de pânico
Luciana Oliveira dos Santos

Escritos metapsicológicos e clínicos
Ana Maria Sigal

Famílias monoparentais
Lisette Weissmann

Neurose e não neurose
Marion Minerbo

Amor e fidelidade
Gisela Haddad

Acontecimento e linguagem
Alcimar Alves de Souza Lima

Imitação
Paulo de Carvalho Ribeiro e colaboradores

O tempo, a escuta, o feminino
Silvia Leonor Alonso

Crise pseudoepiléptica
Berta Hoffmann Azevedo

Violência e masculinidade
Susana Muszkat

Entrevistas preliminares em psicanálise
Fernando Rocha

Ensaios psicanalíticos
Flávio Carvalho Ferraz

Adicções
Decio Gurfinkel

Incestualidade
Sonia Thorstensen

Saúde do trabalhador
Carla Júlia Segre Faiman

Transferência e contratransferência
Marion Minerbo

Idealcoolismo
Antonio Alves Xavier, Emir Tomazelli

Tortura
Maria Auxiliadora de Almeida Cunha Arantes

Ecos da clínica
Isabel Mainetti de Vilutis

Pós-análise
Yeda Alcide Saigh

Clínica do continente
Beatriz Chacur Mano

Inconsciente social
Carla Penna

Psicanálise e música
Maria de Fátima Vicente

Autorização e angústia de influência em Winnicott
Wilson Franco

Trabalho do negativo
Vera Lamanno-Adamo

Crítica à normalização da psicanálise
Mara Caffé

Sintoma
Maria Cristina Ocariz

Cidade e subjetividade
Flávio Carvalho Ferraz

A cena hospitalar: psicologia médica e psicanálise
Alfredo Simonetti

Fairbairn
Teo Weingrill Araujo

Orientação profissional
Maria Stella Sampaio Leite

Acompanhamento terapêutico
Maurício Porto

Ferenczi
Teresa Pinheiro

Psicanálise e educação
Maria Regina Maciel

Psicoterapia breve de casal
Mauro Hegenberg

Vertentes da psicanálise
Maria Laurinda Ribeiro de Souza

Sublimação e *unheimliche*
Alessandra Martins Parente

Neuroses atuais e patologias da atualidade
Paulo Ritter

Este livro foi composto com tipografia Freight Text Pro
e impresso em papel Pólen Soft 70g. na Gráfica DelRey.